NOUVELLE BIBLIOTHÈQUE CLASSIQUE

DES ÉDITIONS JOUAUST

(Littérature étrangère)

CALIDASA

SACOUNTALA

DRAME EN SEPT ACTES

MÊLÉ DE PROSE ET DE VERS

TRADUIT PAR

ABEL BERGAIGNE

Maître de conférences à la Faculté des Lettres de Paris

ET

PAUL LEHUGEUR

Professeur au Lycée Charlemagne

PARIS

LIBRAIRIE DES BIBLIOPHILES

Rue Saint-Honoré, 338

M DCCC LXXXIV

SACOUNTALA

DRAME EN SEPT ACTES

TIRAGE A PETIT NOMBRE

Il a été imprimé en sus du tirage ordinaire :
350 exemplaires sur papier de Hollande (nos 51 à 400).
25 — sur papier de Chine (nos 1 à 25).
25 — sur papier Whatman (nos 26 à 50).

<u>400 exemplaires, numérotés.</u>

Il a été fait, en outre, un tirage en GRAND PAPIER
(format in-8º), ainsi composé :

100 exemplaires sur papier de Hollande (nos 21 à 120)
10 — sur papier de Chine (nos 1 à 10).
10 — sur papier Whatman nos (11 à 20).

<u>120 exemplaires, numérotés.</u>

CALIDASA

SACOUNTALA

DRAME EN SEPT ACTES

MÊLÉ DE PROSE ET DE VERS

TRADUIT PAR

ABEL BERGAIGNE

Maître de conférences à la Faculté des Lettres de Paris

ET

PAUL LEHUGEUR

Professeur au Lycée Charlemagne

PARIS

LIBRAIRIE DES BIBLIOPHILES

Rue Saint-Honoré, 338

M DCCC LXXXIV

PRÉFACE

C ALIDASA est, de tous les poètes de l'Inde, celui dont le goût est le moins éloigné du nôtre, et SACOUNTALA est son chef-d'œuvre. Est-il permis d'aller plus loin et de dire : SACOUNTALA est un chef-d'œuvre?

Gœthe n'hésitait pas; on peut en juger par le quatrain suivant [1] :

« *Faut-il nommer les fleurs du printemps avec les fruits de l'automne, le charme qui enivre avec l'aliment qui rassasie, le ciel avec la terre? C'est ton nom que je prononce, ô Sacountalâ, et ce seul mot dit tout.* »

---

1. *Willt du die Blüthe des frühen, die Früchte des spaetcren*
[*Jahres,*
Willt du was reizt und entzückt, willt du was saettigt und
[*naehrt,*
Willt du den Himmel, die Erde mit einem Namen begreifen,
Nenn' ich, Sacontala, dich, und so ist Alles gesagt.

Lamartine aussi a lu SACOUNTALA ; *il résume son impression en prose, et n'en est pas pour cela moins lyrique :* «.*Nous allons lire et commenter avec vous un chef-d'œuvre de poésie à la fois épique et dramatique, qui réunit dans une seule action ce qu'il y a de plus pastoral dans la Bible, de plus pathétique dans Eschyle, de plus tendre dans Racine. Ce chef-d'œuvre est* SACOUNTALA [1]. »

Enfin, ce ne sera pas quitter les poètes que de demander un dernier témoignage à un critique comme Paul de Saint-Victor. « *Arrêtons-nous* », *dit-il au moment d'entamer l'analyse du drame de Câlidâsa* [2], « *devant ce chef-d'œuvre, la fleur et la perle du théâtre indien.* » *Puis, après avoir cité le quatrain allemand :* « *C'est le vieux Gœthe qui, pareil à un patriarche couronnant une vierge, donne à* SA-COUNTALA *cette louange magnifique. L'idylle indienne en est digne. Par sa grâce et son innocence, son rapprochement de la nature et sa fraîcheur lumineuse, elle mériterait d'être appelée le Paradis terrestre de la poésie.* »

En dépit de ces dithyrambes, dont le dernier date d'hier, on est, en général, bien revenu aujourd'hui du premier enthousiasme qui avait accueilli la découverte de la littérature sanscrite. Non que cette littérature ait cessé d'être un objet d'études actives, pas-

---

1. *Cours familier de littérature,* entretien V.
2. *Les Deux Masques,* tome II.

sionnées même. Mais elle n'attire plus guère que les savants, le philologue, l'archéologue, l'historien des religions. C'est une idée reçue dans le public, et les indianistes n'y contredisent guère, que l'intérêt proprement littéraire lui fait à peu près défaut.

Elle a en effet, il faut bien le reconnaître, un vice originel qui semble la condamner d'avance : c'est une littérature savante. La plupart des œuvres innombrables et souvent immenses qu'elle comprend, toutes celles qui composent la littérature dite classique, ont été écrites dans des siècles où le sanscrit était une langue vivante à peu près comme le latin dans notre moyen âge. C'est ce dont témoignerait au besoin le drame même où Gœthe voyait tant de choses. Dans SACOUNTALA, *comme dans tout le théâtre indien, un bon nombre de personnages, et en particulier toutes les femmes, parlent, non le sanscrit, mais différents dialectes qui en sont dérivés et qu'on désigne par le nom générique de prâcrit.*

Le sanscrit n'est cependant pas exclusivement réservé aux clercs, c'est-à-dire aux brahmanes. Le roi le parle également, ainsi que les principaux dignitaires du palais[1]. C'est une langue de cour en même temps qu'une langue d'église, et le théâtre, sinon l'ensemble

---

1. En revanche, il y a, dans la plupart des drames, un brahmane qui parle prâcrit : c'est le personnage ignorant, gourmand et poltron, qui joue le rôle de confident et de bouffon du héros, Mâdhavya dans *Sacountalâ*.

de la littérature classique de l'Inde, est moins encore
une littérature savante qu'une littérature aristocra-
tique. Câlidâsa, en particulier, n'aurait pas été trop
dépaysé à l'hôtel de Rambouillet. Il en a les qualités et les défauts, la noblesse et parfois l'emphase,
la délicatesse et surtout la préciosité.

Ces défauts et ces qualités étaient ceux de la société dans laquelle il vivait. Hindou du Ve ou du
VIe siècle de notre ère, à ce qu'on peut supposer [1], il
peint, comme ses devanciers et ses rivaux, les mœurs
polies et raffinées du harem royal [2], dans le goût
du maître et de sa cour. Mais l'écrivain précieux se
trouve cette fois être un vrai poète. Cet artisan de
style aime la nature, et il sait en choisir, dans le
monde extérieur comme dans l'âme humaine, les
traits les plus purs et les plus expressifs. Il entremêle
ses madrigaux d'idylles dignes de Théocrite ; il sème
çà et là les mots touchants ou même profonds ; enfin
il conçoit un caractère de femme à la fois passionné,
noble et charmant, et il sait lui donner tout son
relief dans une scène admirable, qui serait applaudie
sur n'importe quel théâtre, le point de départ une
fois admis.

---

1. La seule donnée chronologique précise que nous
ayons sur lui est la mention de son nom dans une inscription datée d'une année qui correspond à 634 de notre ère.

2. Particulièrement dans la jolie comédie intitulée Agni-
mitra et Mâlavicâ.

Il est vrai que ce point de départ est difficile à admettre. L'aventure de Sacountalâ n'est pourtant pas en elle-même bien nouvelle. C'est, au fond le vieux conte, toujours identique dans ses traits essentiels, de la femme méconnue, répudiée, puis retrouvée avec son fils au fond des bois. Ce qui varie selon les temps et selon les lieux, c'est la forme et la cause de la répudiation. Chez nous, la croisade offrait au traître Golo l'occasion de perdre Geneviève dans l'esprit de Siffroy. Dans l'Inde, où un pouvoir surnaturel est attribué aux ascètes, c'est la malédiction de Dourvâsas qui sépare Sacountalâ de Douchanta. Mais l'Inde ne sait pas s'arrêter dans l'usage du merveilleux. Douchanta ne répudie pas sa femme, à proprement parler : il l'a oubliée, et le sort qui a été jeté sur elle l'empêche de la reconnaître. Nous ne sommes pas très sûrs que les contemporains de Câlidâsa crussent tous à cette histoire ; mais on y avait cru avant eux[1]. La légende était consacrée, et on l'acceptait comme les contemporains de Sophocle acceptaient celle d'Œdipe, par exemple, qui ne brillait pas précisément par la vraisemblance.

Il serait peut-être plus difficile de la faire admettre chez nous à des spectateurs assemblés, quoique ceux

---

1. L'aventure est, il est vrai, racontée autrement dans le *Mahâbhârata* ; mais il pouvait y avoir plusieurs formes de la légende. Le récit épique est d'ailleurs parfaitement insipide.

*de l'Opéra l'aient vue au moins mimée, il y a vingt-
cinq ans déjà, dans un ballet dont Théophile Gautier
avait écrit le livret pour M. Reyer. En tout cas, il
est permis de demander ce sacrifice, si c'en est un,
au goût d'un lecteur solitaire, et le cinquième acte de
SACOUNTALA ne lui fera pas regretter sa complaisance.
Si bon marché qu'on fasse de l'énorme fatras accu-
mulé par les pédants hindous, il faut bien reconnaître qu'il renferme quelques perles, et ce morceau
peut passer pour la plus pure de toutes.*

*Le drame dont il forme la maîtresse scène a été
traduit plusieurs fois en français* [1]. *Est-il connu en
France autant qu'il mérite de l'être? Nous ne le
pensons pas, et c'est ce qui nous a engagés à faire
une nouvelle tentative pour attirer sur lui l'attention
du public lettré. Nous n'avons pas eu la prétention
de faire mieux que nos devanciers : nous avons voulu
faire autre chose.*

*Le mélange de la prose et des vers n'est pas la
moindre originalité du théâtre indien. Les strophes
y occupent, au milieu du dialogue, à peu près la place
des airs parmi les récitatifs de nos opéras. Il y a
entre le style tour à tour descriptif, précieux, lyrique*

---

1. D'abord par Chézy, le premier titulaire de la chaire
de sanscrit du Collège de France, ensuite par Fauche et
par M. Foucaux. Avant Chézy même, Bruguière avait donné,
en l'an XI, une traduction de *Sacountalâ*, mais d'après la
traduction anglaise de William Jones.

de ces strophes, et le ton généralement naturel et
même familier du dialogue, un contraste dont une
traduction uniforme en prose ne peut, en dépit de
tous les artifices typographiques, donner qu'une idée
imparfaite. Nous avons espéré, malgré les inexac-
titudes de détail inséparables de toute traduction
poétique, donner, en reproduisant la distinction de
la prose et des vers, une impression plus exacte de
l'ensemble. Si une tentative de traduction en vers
peut être excusée, c'est dans un cas pareil, ou jamais.

Cette première détermination en a entraîné une
autre. Déjà contraints de revendiquer une certaine li-
berté pour la traduction des strophes, nous avons cru
devoir faire un pas de plus. Notre ambition était de
faire lire SACOUNTALA. Quelques redites dans
l'acte IV, au milieu d'une pastorale d'ailleurs charmante, et deux passages d'assez mauvais goût dans
les actes III et VI pouvaient fatiguer inutilement le
lecteur : nous avons eu recours aux coupures[1]. Çà et
là encore, nous avons retranché quelques strophes,
dont plusieurs, du reste, peuvent passer pour inter-
polées[2], une vingtaine en tout sur deux cent vingt et

---

1. Les passages supprimés sont donnés en appendice à la
fin du volume.

2. Nous faisons cette remarque sans y insister : car nous
n'avons pas procédé selon les règles de la critique scientifique. Il y a deux recensions notablement différentes de
notre drame. Nous avons suivi en principe la recension
bengalie, qui est la plus longue, mais en l'écourtant légère-

plus. L'acte V est complètement intact. Les actes I,
II et VII le sont presque complètement. Les suppres-
sions n'ont d'importance que dans l'acte III.

Le Câlidâsa que nous présentons ainsi au public
est un peu plus simple que le vrai. Mais qu'on se
rassure! Ce n'est pas pour cela un Câlidâsa de fan-
taisie. Quoique l'un de nous seulement soit indianiste,
cette traduction, produit d'une collaboration étroite
et fraternelle, a été écrite tout entière d'après le
texte sanscrit et prâcrit. Les strophes ont été tra-
duites, soit directement sur ce texte, soit sur une pre-
mière traduction en prose rigoureusement littérale.
Dans plus d'un passage où nous nous écartons, non
seulement des anciennes traductions françaises [1],
mais de la traduction excellente donnée, il y a quel-
ques années, en Allemagne, par M. Fritze [2], la di-
vergence est voulue et aurait pu faire l'objet de notes
justificatives, si tout appareil scientifique ne nous

---

ment, sans autre préoccupation que celle du sens esthétique
d'un lecteur français. Notre texte est celui de M. Pischel.

1. Celles de Chézy et de Fauche ont été faites, comme la
nôtre, sur la recension bengalie ; celle de M. Foucaux suit
l'autre recension.

2. Cette traduction, qui suit aussi la recension bengalie,
d'après l'édition de M. Pischel, est en vers, et pourtant
d'une exactitude scrupuleuse. L'allemand a ce privilège de
pouvoir se modeler indifféremment sur une autre langue
quelconque : faut-il le lui envier ? M. Fritze a d'ailleurs
traduit en vers la prose aussi bien que les strophes, et fondu
le tout dans un rythme ïambique uniforme. Il a ainsi

avait paru déplacé dans une publication à laquelle
nous voulions donner un caractère purement litté-
raire[1].

---

renoncé au principal avantage que nous avons poursuivi en
cherchant à nous élever au-dessus de la prose. Rückert,
dans la traduction qu'il a laissée du même drame, avait, au
contraire, distingué la prose des vers, et c'est aussi ce qu'a
fait M. Monier Williams, dans sa traduction en anglais.

1. Les indications scéniques et les titres spéciaux pour
chaque acte sont en usage chez les auteurs hindous comme
chez nos dramaturges contemporains. Il n'était peut-être pas
inutile d'en prévenir le lecteur : nous n'avons ajouté que la
liste des personnages, qu'ils ne prennent pas la peine de
dresser.

A MONSIEUR

ALFRED LEHUGEUR

SACOUNTALA

DRAME EN SEPT ACTES

BÉNÉDICTION.

PROLOGUE.

PERSONNAGES DU PROLOGUE.

LE DIRECTEUR DU THÉATRE.

UNE COMÉDIENNE.

Sacountalâ. 1

PERSONNAGES DU DRAME.

DOUCHANTA, roi de Hastinâpoura, sur le Gange, descendant de Pourou.

MADHAVYA, son ami d'enfance, brahmane gourmand et poltron.

CANNVA, brahmane, chef d'un ermitage au pied de l'Himâlaya, père adoptif de Sacountalà.

Voix de DOURVASAS, religieux mendiant.

SARNGARAVA
SARADVATA } disciples de Cannva.

SOMARATA, chapelain du roi.

Un Pêcheur.

MATALI, cocher du dieu Indra.

Un Enfant.

MARITCHA, dieu-ermite.

Le Cocher du roi.

Un Ermite et son disciple.

RAIVATACA, huissier.

BHADRASÉNA, général en chef.

Deux autres ermites.

CARABHACA.

Le Disciple d'un brahmane.

Un Disciple de Cannva.

HARITA, jeune ermite.

PARVATAYANA, chambellan.

Le Chef de la police.

SOUTCHAKA
DJÁNOUKA } gardes de police.

GALAVA, disciple de Mârîtcha.

SACOUNTALA, fille de Visvâmitra, ascète de race royale, et de l'Apsaras ou nymphe Ménacâ; fille adoptive de Cannva.

ANOUSOUYA }
PRIYAMVADA } compagnes de Sacountalâ.

GAUTAMI, épouse de Cannva, mère adoptive de Sacountalâ.

Voix de la reine VASOUMATI, épouse de Douchanta.

MISRAKÉSI, Apsaras, compagne de Ménacâ et amie de Sacountalâ.

ADITI, déesse, épouse de Mârîtcha.

Religieuses de l'ermitage de Cannva.

VÉTRAVATI, gardienne des portes du palais.

PARABHRITICA }
MADHOURICA } bouquetières au service du roi.

TCHATOURICA, femme peintre au service du roi.

Voix de PINGGALICA, suivante de la reine Vasoumatî.

Une Yavani, sorte d'amazone au service du roi.

Première Religieuse }
Deuxième Religieuse } de l'ermitage de Mârîtcha.

Voix diverses derrière la scène (ermites, divinités des bois, poètes de cour, etc.).

La scène est tour à tour dans l'ermitage de Cannva ou dans les bois voisins, dans le palais ou dans la ville de Hastinâpoura, dans le ciel d'Indra, au milieu des airs et dans l'ermitage divin de Mârîtcha.

BÉNÉDICTION[1]

SIVA soit avec vous ! C'est le souverain maître.
Ame unique en huit corps, il vit, il brûle, il luit,
Il rayonne : soleil le jour, lune la nuit,
Feu sacré sur l'autel, et devant l'autel, prêtre ;
Air, vous le respirez, ce dieu mystérieux ;
Terre, il est pour vous tous la nourrice féconde ;
Eau, Brahma l'épancha pour en tirer le monde ;
Éther, il vous pénètre, il ondule en tous lieux.

---

1. Une prière analogue est de règle en tête de toute pièce indienne : elle est immédiatement suivie d'un prologue dont les derniers mots doivent servir d'introduction au premier acte.

SACOUNTALA

PROLOGUE

LE DIRECTEUR.

Nous n'avons pas de temps à perdre...
(*Regardant du côté de la coulisse.*)
Madame, si votre toilette est terminée, veuillez approcher.

UNE COMÉDIENNE, *entrant.*
Maître, me voilà : que faut-il faire?

LE DIRECTEUR.
Ma belle, voici une réunion de connaisseurs.
Nous allons leur offrir une représentation de *Sacountalâ,* la pièce nouvelle de Câlidâsa : donc, à vos rôles !... Et que chacun fasse de son mieux !

LA COMÉDIENNE.

Notre directeur est si habile !... Avec lui, le succès est d'avance assuré.

LE DIRECTEUR, *souriant.*

Ma belle, je te le dis en toute humilité...

> *J'attends l'avis des gens de goût ;*
> *C'est leur jugement qui m'éclaire.*
> *Au théâtre, ce n'est pas tout*
> *D'être un habile homme : il faut plaire.*

LA COMÉDIENNE.

Vous avez raison. Avez-vous d'autres ordres à me donner?

LE DIRECTEUR.

Oui ! Pour disposer favorablement les oreilles de l'assistance, il faudrait commencer par une chanson.

LA COMÉDIENNE.

Que voulez-vous que je chante?

LE DIRECTEUR.

Chante-nous les plaisirs de l'été : voilà justement l'été qui commence...

> *Le vent souffle, embaumé par les fleurs qu'il caresse ;*
> *Le lac offre aux baigneurs son flot limpide et frais ;*
> *Les dormeurs sont heureux à l'ombre des forêts,*
> *Et la paix des beaux soirs est pour tous une ivresse.*

LA COMÉDIENNE.

CHANSON.

Le Sirîcha [1] s'ouvre pour ta parure :
Je vois encor
Sur ton cou brun briller la ciselure
De la fleur d'or.
Son étamine est pendante, et l'abeille,
Insecte fou,
En bourdonnant lutine à ton oreille
Le frais bijou.

LE DIRECTEUR.

Ah!... Délicieux, ma belle! Les spectateurs sont encore sous le charme : on dirait un auditoire en peinture. Maintenant,... quelle pièce allons-nous leur offrir?

LA COMÉDIENNE.

Mais vous l'avez dit tout à l'heure. Ne devons-nous pas jouer la pièce nouvelle, *Sacountalâ*?

LE DIRECTEUR.

Tu fais bien de me le rappeler... Je l'avais oublié... Sais-tu pourquoi?

Je suivais dans l'air ta charmante voix :
Ta voix, dans son vol, m'entraîne après elle !...

(Montrant les acteurs qui entrent en scène.)

Ainsi Douchanta poursuit la gazelle,
S'enfonce et s'égare au milieu des bois.

---

1. Fleur dont les femmes se font des pendants d'oreilles.

ACTE PREMIER

LA CHASSE

On voit paraître le roi sur son char, poursuivant une gazelle; dans ses mains l'arc et les flèches; son cocher conduit le char.

LE COCHER, regardant tour à tour le roi
et la gazelle.

Nous volons sur la piste où bondit l'antilope;
Ta flèche étincelante est prête à l'y chercher :
Maître, la majesté dont ton front s'enveloppe
Est divine,... et je crois voir le céleste archer [1].

LE ROI.

Cette gazelle nous a entraînés bien loin!

Elle jette en fuyant un regard derrière elle
Et tourne vers moi son œil doux;
Son beau corps ramassé fuit la flèche mortelle :
La vois-tu courir devant nous?

---

1. Le dieu Siva.

Elle laisse tomber de sa bouche écumante
Des brins d'herbe à demi broutés...
Ses pieds ne touchent pas la terre, et l'épouvante
Double ses bonds précipités.

(*Avec étonnement.*) Mais je la poursuis inutilement. La voilà presque hors de vue.

Le Cocher.

Roi! nous étions dans un chemin difficile : j'ai dû serrer les rênes,... notre course s'est ralentie, et la gazelle a pris de l'avance. Mais nous voilà maintenant sur un terrain uni, et tu ne tarderas pas à l'atteindre.

Le Roi.

Alors lâche les rênes.

Le Cocher.

J'obéis. (*Il donne par ses gestes l'idée d'une course rapide en char* [1].) Vois maintenant!

Ma main ne retient plus tes chevaux : la carrière
S'ouvre à leur élan généreux ;
Ils soulèvent à peine une fine poussière
Qui retombe loin derrière eux ;
Ce n'est plus une course : aucun bond ne secoue
Leurs panaches dressés dans l'air,
Et leur cou qui s'allonge est pareil à la proue
Du navire qui fend la mer.

---

1. Comme on le voit, l'illusion de la machinerie est remplacée dans l'Inde par la pantomime, et surtout par les stances descriptives.

LE ROI, *joyeux.*

Ah ! voilà que les chevaux gagnent du terrain !
Quelle vitesse !

Tout grandit, approche, passe
Et s'efface...
Rien, dans l'horizon mouvant,
N'a ni forme ni distance :
Le sol danse !
Le char dépasse le vent !

VOIX *derrière la scène.*

Arrête ! arrête ! Roi ! c'est une gazelle de l'ermitage... Ne frappe pas !

LE COCHER, *écoutant et regardant.*

Roi ! au moment où la gazelle est à portée de
ta flèche, voilà que deux ermites paraissent entre
elle et toi.

LE ROI, *avec empressement.*

Retiens vite les rênes !

LE COCHER.

J'obéis. (*Il arrête le char. On voit entrer un er-*
mite accompagné de son disciple.)

———

L'ERMITE, *levant la main.*

Roi ! c'est une gazelle de l'ermitage !

Ne frappe pas ! Elle est à nous... Grâce pour elle !
Vois ce corps délicat, déjà mourant de peur...

Tes traits perceront-ils un ennemi si frêle?
On livre au feu le bois de l'arbre, et non sa fleur!

J'ai vu l'arc se ployer et la corde se tendre…
Retiens le dard, déjà prêt à verser le sang!
Les rois sont armés pour défendre,
Et non pour frapper l'innocent.

LE ROI, *saluant respectueusement l'ermite.*

Je remets ma flèche dans le carquois.

L'ERMITE, *joyeux.*

Je n'attendais pas moins du noble rejeton de Pourou, du roi illustre entre tous les rois:

Mieux que les exploits les plus fiers,
Ta bonté te fait reconnaître :
Roi! puisse un héritier te naître
Qui règne en paix sur l'univers !

LE ROI, *s'inclinant de nouveau.*

J'accepte comme un heureux augure[1] ce vœu d'un brahmane.

L'ERMITE.

Roi! nous allons ramasser du bois pour l'autel. On voit d'ici, au bord de la Mâlinî, l'ermitage de notre maître Cannva. Sa fille Sacountalâ en est la divinité tutélaire. Si rien ne t'appelle ailleurs, daigne y accepter l'hospitalité.

Tes flèches, noble archer, nous sauvent; sur ton bras
La corde, tous les jours, laisse sa rude marque.

---

1. C'est déjà l'annonce du dénouement.

Veux-tu ta récompense? Entre! tu la verras :
La paix de l'ermitage est l'honneur du monarque.

LE ROI.

Votre maître est-il là?

L'ERMITE.

En ce moment, c'est Sacountalâ qui est chargée
de recevoir les hôtes : il est aux bains sacrés de
Somatîrtha, où il s'est rendu pour chercher à dé-
tourner un malheur qui la menace.

LE ROI.

C'est donc elle que je verrai, et je la chargerai
de porter à ce grand sage l'assurance de mon pieux
dévouement.

L'ERMITE ET SON DISCIPLE.

Nous prenons congé de toi. (*Ils s'éloignent.*)

LE ROI, *au cocher.*

Ami, fouette les chevaux. Je veux, pour la puri-
fication de mon âme, faire une visite à ce saint
ermitage.

LE COCHER.

C'est fait! (*Il indique de nouveau le mouvement
du char.*)

LE ROI, *regardant autour de lui.*

Nous n'aurions pas eu de peine à reconnaître ici
un ermitage.

Le Cocher.

Comment cela ?

Le Roi.

Ne vois-tu pas ?

Ces grains de riz épars sont la pieuse aumône
Que l'ermite a jetée aux oiseaux de ces bois.
Ces pierres ont broyé la chair grasse des noix,
Et l'on y voit encor des taches d'huile jaune.
Ces daims et leurs petits s'approchent pour nous voir :
Ils n'ont jamais connu les terreurs d'une chasse.
Enfin, ces gouttes d'eau qu'on peut suivre à la trace
Révèlent un chemin qui conduit au lavoir.

Le Cocher.

C'est vrai.

Le Roi, *quelques pas plus loin.*

Ami [1], ne troublons pas l'ermitage ! Arrête le
char : je vais descendre ici.

Le Cocher.

Je retiens les chevaux : tu peux descendre.

Le Roi, *après être descendu, jetant un regard sur*
sa parure.

Ami ! on ne doit entrer dans un ermitage qu'a-
vec une parure modeste : prends mes bijoux !...
Prends aussi mon arc. (*Il les donne au cocher.*)
Pendant que je rendrai ma visite aux ermites, soigne les chevaux : ils ruissellent de sueur.

Le Cocher.

Je suivrai tes ordres. (*Il sort.*)

---

1. Le cocher est le compagnon d'armes du roi.

LE ROI, *faisant quelques pas et regardant.*

Voici l'ermitage : j'entre donc! (*Il sent une se-cousse dans le bras droit* [1].)

> Signe étrange!... Pourtant, cet asile sacré
> Ne s'ouvre pas, je pense, à de profanes joies!
> Chez les ermites saints l'amour est ignoré...
>   Mais le destin choisit ses voies!

VOIX *derrière la scène.*

Par ici, par ici, chères compagnes!

LE ROI, *écoutant.*

J'entends parler à droite de ce bosquet. Voyons qui vient. (*Il fait quelques pas et regarde.*) Ah! ce sont de jeunes novices qui donnent à boire aux arbres. Le poids de leurs arrosoirs a été proportionné à leurs forces... Quelle grâce enchanteresse! Suis-je bien dans un ermitage?

> Ces trésors de beauté, là, dans ces lieux austères!
> Jamais harem de roi n'en reçut de pareil :
> La gloire du printemps n'est plus dans nos parterres,
> Et c'est au fond des bois qu'elle brille au soleil!

Je les attendrai sous cet ombrage. (*Il prend place et regarde.*)

---

1. Ce signe annonce à un homme un événement heureux, particulièrement une aventure amoureuse.

Sacountala *paraît avec ses amies,*
arrosant les jeunes arbres.

ANOUSOUYA.

Chère Sacountalâ ! le vénérable Cannva aime
donc mieux les arbres de l'ermitage que sa propre
fille ? Il te fatigue à les arroser, toi, délicate comme
la fleur du jasmin à peine éclose !

SACOUNTALA.

Ma chère, l'ordre de mon père était inutile :
tous ces arbres sont des frères pour moi. (*Elle continue à les arroser.*)

PRIYAMVADA.

Chère amie, ceux-là n'ont plus soif. — Ils vont
se couvrir de fleurs cet été. — Mais ceux qui ont
fini de fleurir, n'allons-nous pas les arroser aussi ?
Nous prouverons par là que notre charité n'est
pas intéressée.

SACOUNTALA.

J'aime à t'entendre parler ainsi. (*Elle arrose les
autres arbres.*)

LE ROI, *à part.*

Comment ! c'est Sacountalâ elle-même ! c'est la
fille de Cannva ! — A quoi songe le vénérable, de
lui faire porter la tunique d'écorce des novices ?

> *Le cruel ! Imposer à sa fille un tel vœu !*
> *Macérer ce beau corps dont la grâce m'enchante !*
> *Cannva veut-il donc faire une hache tranchante*
> *De la feuille du lotus bleu ?*

Sacountalâ.   3

Je vais me cacher derrière ce buisson pour la voir à mon aise sans l'effaroucher. (*Il se cache.*)

SACOUNTALA.

Chère Anousouyâ, Priyamvadâ a trop serré ma tunique d'écorce... J'étouffe... Desserre-moi. (*Anousouyâ desserre la tunique.*)

PRIYAMVADA, *riant.*

Il faut t'en prendre à la jeunesse : c'est elle qui commence à gonfler ta poitrine.

LE ROI.

Elle dit vrai.

> *Ce vêtement grossier, qu'un nœud solide fronce,*
> *Me cache deux beaux seins, prisonniers dans ses plis.*
> *Ainsi les jeunes fleurs éclosent sous la ronce,*
>   *Trésors ensevelis !*

Une tunique d'écorce n'est pas la parure qui convient à sa jeunesse... Et cependant,... elle est ravissante ainsi.

> *La splendeur du lotus, près du Saivala [1] sombre,*
> *Est plus éblouissante encor;*
> *La tache de la lune est comme un noyau d'ombre*
> *Qui rehausse son cercle d'or ;*
> *Ainsi ce vêtement tissé d'écorce d'arbre*
> *N'enlaidit pas son corps charmant :*
> *L'habit le plus grossier, s'il couvre un sein de marbre,*
> *Devient un magique ornement.*

---

1. Plante aquatique, comme le lotus.

SACOUNTALA, *regardant devant elle.*

Voyez, chères compagnes, le vent agite ces branches : le manguier semble me tendre les bras. Je veux répondre à son appel. (*Elle s'approche d'un manguier.*)

PRIYAMVADA.

Ne bouge pas... Reste un instant comme tu es là.

SACOUNTALA.

Pourquoi donc ?

PRIYAMVADA.

Tant que tu t'appuieras sur lui, le manguier sera marié à une liane.

SACOUNTALA.

Ah ! voilà les flatteries de Priyamvadâ la bien nommée [1].

LE ROI.

Priyamvadâ n'a dit que la vérité.

Sa bouche qui sourit est un bouton qui s'ouvre ;
Ses bras sont deux rameaux assouplis par l'été ;
Son corps palpite et vit sous l'habit qui le couvre ;
Sa sève est la jeunesse, et sa fleur la beauté.

ANOUSOUYA.

Vois, Sacountalâ, la branche du jasmin a choisi un époux : c'est le manguier odorant. Regarde-la

---

1. Son nom signifie : « Qui dit des choses aimables. »

donc, celle que tu appelles « Clair-de-lune-des-bois ».

SACOUNTALA, *s'approchant et regardant, joyeuse.*

Union charmante de la liane et de l'arbre ! La jeunesse du jasmin s'épanouit en fleurs nouvelles, et le manguier est couvert de fruits. (*Elle s'arrête à les regarder.*)

PRIYAMVADA, *riant.*

Anousouyâ, sais-tu pourquoi Sacountalâ reste si longtemps à regarder son Clair-de-lune-des-bois ?

ANOUSOUYA.

Non. Dis-le, si tu le sais.

PRIYAMVADA.

Elle se dit : « Clair-de-lune-des-bois a trouvé l'époux qui lui convient. Sacountalâ trouvera-t-elle un fiancé selon son cœur ? »

SACOUNTALA.

Parle pour toi. Tu ne rêves que mariage. (*Elle continue à arroser.*)

ANOUSOUYA.

Eh bien ! Sacountalâ, et cette liane Mâdhavî que le vénérable Cannva a élevée en même temps que toi, est-ce que tu l'oublies ?

SACOUNTALA.

Je m'oublierais donc moi-même. (*S'approchant de la liane et la regardant, joyeuse.*) O merveille ! Priyamvadâ, je t'annonce une heureuse nouvelle.

PRIYAMVADA.

Et laquelle?

SACOUNTALA.

La liane Mâdhavî est couverte de boutons depuis la tête jusqu'au pied.

TOUTES LES DEUX, *accourant.*

Est-ce bien vrai?

SACOUNTALA.

Très vrai. Voyez plutôt.

PRIYAMVADA, *regardant, joyeuse.*

Alors, je t'annonce une autre nouvelle, non moins heureuse : tu vas te marier.

SACOUNTALA, *impatientée.*

Allons, toujours le mariage en tête!

PRIYAMVADA.

Je ne plaisante pas. Je tiens de la bouche du vénérable Cannva que si la Mâdhavî fleurit de bonne heure, c'est un heureux augure pour toi.

ANOUSOUYA.

Dis-moi, Priyamvadâ, c'est sans doute pour cela que Sacountalâ se donne tant de peine à l'arroser?

SACOUNTALA.

Puisqu'elle est ma sœur, je dois l'aimer. (*Elle arrose la liane.*)

LE ROI.

Ah! puisse la mère de cette charmante fille être

d'une autre race que son père¹ ! Mais pourquoi ce scrupule?

Quelle est sa caste? Je l'ignore !
Mais l'instinct du cœur est ma loi.
C'est le cœur d'un roi qui l'adore :
Elle a dû naître pour un roi !

Cependant il faut que je sache la vérité.

SACOUNTALA, *effrayée.*

Ah! voilà une abeille qui sort de cette fleur de jasmin.... Elle en veut à mon visage. (*Elle cherche à l'écarter.*)

LE ROI, *avec passion.*

Le geste de son cou qui repousse l'insecte,
Le jeu de ses sourcils, ses regards langoureux,
Sa bouche qui s'entr'ouvre et son œil qui s'humecte
Semblent des appels amoureux.

(*Avec jalousie.*) O abeille ! je t'envie.

Tu frôles ses beaux yeux ; tu voltiges autour ;
Tu touches ses longs cils, ses cheveux,... et, pareille
A l'amant qui supplie et qui parle d'amour,
Tu murmures tout bas un chant à son oreille.
Elle tressaille, fuit, mais se défend en vain :
Tu bois la volupté sur sa lèvre enivrante,
  Tu jouis d'un bonheur divin...
  Et moi, je languis dans l'attente !

SACOUNTALA.

Au secours! Cette méchante abeille s'acharne sur moi!

---

1. Le mariage avec une femme de pure caste brahmanique est interdit à la caste royale, théologiquement inférieure.

LES DEUX AMIES, *riant.*

Nous n'y pouvons rien. C'est le roi qui est le protecteur des ermitages : adresse-toi à Douchanta.

LE ROI.

Voilà une occasion de me montrer... Ne craignez rien. (*S'arrêtant, à part.*) Mais ce serait leur dire : « Je suis le roi. » J'aime mieux me présenter comme un hôte ordinaire.

SACOUNTALA.

Ce méchant insecte s'obstine. Il faut donc que je lui cède. (*Elle s'éloigne de quelques pas. Jetant de nouveau un regard de côté.*) Ah! pauvre Sacountalâ! Il me poursuit jusqu'ici! Au secours!

————

LE ROI, *accourant.*

Qui donc outrage ici d'innocentes novices?
Pourquoi leurs jeunes seins sont-ils tremblants d'effroi?
Le monstre se croit-il à l'abri des supplices?
Et Douchanta n'est-il plus roi?

Les trois amies restent un moment interdites à la vue du roi.)

ANOUSOUYA.

Seigneur, il n'y a pas grand mal... C'est une abeille qui poursuivait notre amie et qui lui a fait peur. (*Elle désigne Sacountalâ.*)

LE ROI, *s'approchant de Sacountalâ.*

Votre piété prospère-t-elle [1]? (*Sacountalâ tres-saille et baisse les yeux.*)

ANOUSOUYA, *répondant pour elle.*

Oui, sans doute, puisqu'elle nous vaut l'honneur de recevoir un tel hôte.

PRIYAMVADA.

Seigneur, soyez le bienvenu! Cours vite, Sa-countalâ! Va chercher dans la hutte les fruits et les autres présents qu'on doit à un hôte. Voici déjà l'eau qui rafraîchira ses pieds.

LE ROI.

Non, votre charmant accueil me suffit : je ne veux pas d'autre hospitalité.

ANOUSOUYA.

S'il en est ainsi, Seigneur, veuillez vous reposer et prendre le frais sur ce banc, à l'ombre de ces arbres.

LE ROI.

Mais vous-mêmes, vos pratiques pieuses ne vous ont-elles pas fatiguées? Asseyez-vous aussi un in-stant.

PRIYAMVADA, *s'adressant à Sacountalâ.*

Chère amie, nous devons des égards à un hôte : viens donc et asseyons-nous! (*Tous s'assoient.*)

---

1. C'est le salut qu'on adresse aux ascètes.

SACOUNTALA, *à part.*

Quel est ce trouble qui me saisit à la vue de
notre hôte?... D'où vient ce sentiment,... inconnu
dans notre ermitage?

LE ROI, *les regardant toutes les trois.*

Charmante amitié de trois compagnes, toutes
les trois jeunes, toutes les trois belles !

PRIYAMVADA, *bas à sa voisine.*

Anousouyâ, quel est donc cet hôte mystérieux?
Sa parole est douce, et toute sa personne est pleine
de courtoisie et de majesté.

ANOUSOUYA.

Ma chère, il excite ma curiosité comme la tienne.
Je n'y tiens plus : il faut que je l'interroge. (*Haut.*)
Monseigneur est si aimable que je m'enhardis à lui
faire des questions... Pourrions-nous savoir quelle
est la race de guerriers et de sages qui s'honore
de le compter parmi les siens?... quel est le pays
que son absence plonge aujourd'hui dans le deuil?...
quel motif puissant a conduit un seigneur habitué
à toutes les douceurs de la vie jusqu'au fond de ce
séjour austère?

SACOUNTALA.

O mon cœur! du courage! Anousouyâ a deviné
ton désir.

LE ROI.

(*A part.*) Dois-je me faire connaître,... ou leur
laisser ignorer qui je suis? (*Après réflexion.*) Oui,

4

cela vaut mieux. (*Haut.*) J'ai étudié les Védas, et j'occupe dans la ville capitale du roi descendant de Pourou une charge qu'il m'a confiée. Je suis venu faire dans cette forêt un pieux pèlerinage.

ANOUSOUYA.

Nous avons donc un protecteur ! (*L'attitude de Sacountalâ trahit l'embarras.*)

LES DEUX AMIES, *après les avoir observés tous les deux, bas à Sacountalâ.*

Chère Sacountalâ, si ton vénérable père était là...

SACOUNTALA.

Eh bien ! quoi?

LES DEUX AMIES.

Il voudrait combler les vœux d'un pareil hôte... Il lui donnerait, au besoin, ce qu'il a de plus cher au monde.

SACOUNTALA, *feignant la colère.*

Je ne sais pas ce que vous voulez dire. D'ailleurs, je ne veux pas vous écouter.

LE ROI.

Moi aussi, j'aurais une question à vous faire au sujet de votre amie.

TOUTES LES DEUX.

Ce sera un honneur pour nous.

LE ROI.

Le vénérable Cannva s'est voué, dit-on, à la contemplation... Comment votre amie peut-elle être sa fille?

ANOUSOUYA.

Je vais vous expliquer tout, Seigneur. Il est un sage de race royale dont on vante les mérites tout-puissants [1]. C'est Visvâmitra.

LE ROI.

Visvâmitra?... J'écoute.

ANOUSOUYA.

Il est le père de notre amie. Elle a été abandonnée, et Cannva l'a élevée : c'est pour cela que le vénérable l'appelle sa fille.

LE ROI.

Abandonnée, dites-vous? Ma curiosité n'est pas encore satisfaite. Racontez-moi tout.

ANOUSOUYA.

Écoutez donc! Il fut un temps où le sage Visvâmitra se livrait à des austérités effrayantes... Les dieux s'inquiétèrent [2], et lui envoyèrent, pour le distraire de sa pénitence, une nymphe céleste, nommée Ménacâ.

LE ROI.

On dit, en effet, que les austérités des ascètes

---

1. Les mérites d'un ascète lui donnent un immense pouvoir.

2. Les ascètes peuvent arriver, à force d'austérités, à détrôner les dieux et à prendre leur place.

inquiètent quelquefois les dieux. — Mais conti-
nuez.

ANOUSOUYA.

Alors,... par une délicieuse journée de printemps,... à la vue de cette beauté divine... (*Elle
s'arrête embarrassée.*)

LE ROI.

Je devine... Elle est fille de la nymphe?

ANOUSOUYA.

C'est cela.

LE ROI

Je ne m'étonne plus!

*Ce n'est pas là l'enfant qu'une femme a porté :
L'éclair éblouissant n'est pas fils de la terre !
Un sang divin peut seul expliquer le mystère
De sa merveilleuse beauté.*

(*Sacountalâ baisse les yeux.*)

LE ROI, à part.

C'est un obstacle de moins pour mes désirs !.

PRIYAMVADA, *regardant Sacountalâ avec un sourire.*

Monseigneur paraît avoir encore quelque chose
à dire. (*Sacountalâ fait du doigt un signe de menace
à son amie.*)

LE ROI.

Vous ne vous trompez pas : je m'intéresse fort

---

1. Sacountalâ, étant fille de Visvâmitra, est de caste
royale.

à ses pieux exercices, et j'ai encore à ce sujet une
question à vous faire.

PRIYAMVADA.

Ordonnez donc, Seigneur : des novices comme
nous n'ont qu'à obéir.

LE ROI.

Ce vœu cruel, obstacle à l'élan de vos cœurs,
Cannva permettra-t-il qu'un époux l'en relève ?
Ou veut-il qu'au milieu des gazelles, ses sœurs,
Elle brille dans l'ombre et n'ait pas d'autre rêve ?

PRIYAMVADA.

Maintenant, en effet, Seigneur, elle observe des
vœux religieux ; mais son père a l'intention de la
marier quand il lui aura trouvé un époux digne
d'elle.

LE ROI, *à part, joyeux.*

Livre-toi donc, mon cœur ! La pure jeune fille
N'est plus l'ardent charbon que je n'osais toucher ;
Au bord de mon chemin, c'est un rubis qui brille :
Je puis sans crainte m'approcher.

SACOUNTALA, *avec une colère feinte.*
Anousouyâ, je pars !

ANOUSOUYA.
Et pourquoi donc ?

SACOUNTALA.
Je vais me plaindre à la vénérable Gaùtamî des
bavardages de Priyamvadâ. (*Elle se lève.*)

ANOUSOUYA.

Ma chère, une pieuse novice comme toi ne doit pas, pour suivre sa fantaisie, oublier les égards qu'elle doit à un hôte. (*Sacountalâ part sans répondre.*)

LE ROI, *à part.*

Comment! elle s'enfuit! (*Il se lève comme pour l'arrêter; mais il se contient.*) Ah! l'imagination d'un amant est toujours en avance sur la réalité!

> *Je voulais lui parler : le respect m'a fait taire.*
> *J'allais la suivre : il a cloué mes pieds au sol.*
> *Mais mon cœur est plus prompt : il avait pris son vol ;*
> *Je le sens retomber à terre !*

PRIYAMVADA, *suivant Sacountalâ.*

Holà! méchante! je ne te permets pas de t'en aller.

SACOUNTALA, *se retournant et fronçant le sourcil.*

Pourquoi cela?

PRIYAMVADA.

Tu me dois encore l'arrosage de deux arbres. Commence par t'acquitter; tu t'en iras après. (*Elle la retient de force.*)

LE ROI.

Elle est déjà assez fatiguée... Voyez!

> *Ses deux bras nus tombent de lassitude ;*
> *Sa main froissée est d'un rouge sanglant ;*
> *Elle soupire, et, sous l'étoffe rude,*
> *Ses seins gonflés ondulent en tremblant...*

La sueur brille en perles de rosée,
Mouillant la fleur qu'elle a pour seul bijou;
Ses cheveux noirs, dont l'attache est brisée,
Mêlent leurs flots et roulent sur son cou.

C'est donc moi qui payerai sa dette. (*Il leur tend son anneau. Les deux amies le reçoivent, en lisent l'inscription et se regardent.*) Oh! n'allez pas vous tromper : c'est un présent que le roi m'a fait.

PRIYAMVADA.

Alors,... Seigneur, vous ne devez pas vous en séparer. Votre désir suffit : nous la tenons quitte.

ANOUSOUYA.

Chère Sacountalâ, te voilà libre! Tu le dois à ce charitable seigneur... Non, je dis mal! à ce grand roi! Maintenant veux-tu encore partir?

SACOUNTALA, *à part.*

Certes! je partirais,... si j'avais quelque empire sur moi-même.

PRIYAMVADA.

Eh bien! te voilà encore là?

SACOUNTALA.

Tu n'as pas d'ordres à me donner, je pense. Je partirai quand bon me semblera.

LE ROI, *regardant Sacountalâ, à part.*

Ah! puisse-t-elle sentir pour moi ce que je sens pour elle! Mais je crois que l'espoir m'est permis.

Aucun signe, aucun mot n'a calmé ma souffrance;
Mais ses yeux que je cherche ont le regard perdu;

Quand je parle, je sais que je suis entendu :
Mon cœur bat d'espérance.

Voix *derrière la scène.*

Alerte! Accourez tous, ermites! Venez au secours des animaux de l'ermitage : le roi Douchanta
chasse, et il est près d'ici.

Le char soulève une poussière
Qui s'envole en longs tourbillons :
Le soleil n'a plus de rayons
Pour la percer de sa lumière.
Les habits à demi séchés
Qui flottent sur les tiges frêles,
Les feuilles, les rameaux tachés,
Semblent couverts de sauterelles.

Le Roi, *à part.*

Ah! malheur à moi! On me cherche, et les gens
de ma suite jettent le trouble dans l'ermitage.

Nouvelles voix *derrière la scène.*

Alerte! Prenez garde à vous, ermites! Femmes,
vieillards, enfants, tout fuit!... Le voilà!...

L'éléphant s'irrite,
Gronde, prend la fuite,
Et se précipite
Sous le bois obscur.
La fureur le grise!
Sa défense est prise...
Un effort la brise :
L'arbre était plus dur.
Son pied s'embarrasse :
Raidi par sa masse,

La ronce l'enlace
D'un bracelet vert.
Le daim fuit de crainte !
Notre extase sainte
A sa flamme éteinte :
L'autel est désert.

(*Tous, en entendant ces voix, se lèvent précipitamment.*)

LE ROI.

Ah ! malheur à moi ! je suis coupable envers les ermites ! Cherchons à réparer le mal !

LES DEUX AMIES.

Grand roi, nous avons peur : l'éléphant est furieux... Permets-nous de rentrer dans la hutte.

ANOUSOUYA, *à Sacountalâ.*

Allons, Sacountalâ, la vénérable Gautamî va être inquiète : hâtons-nous d'aller la retrouver.

SACOUNTALA. (*Elle paraît n'avoir plus la force de marcher.*)

Hélas ! mes pieds refusent de me porter !

LE ROI.

Allez ! je ne vous retiens plus : il faut que de mon côté je coure protéger l'ermitage.

LES DEUX AMIES.

Grand roi ! nous savons maintenant qui tu es... Nous ne t'avons pas rendu les honneurs qui t'étaient dus, daigne nous pardonner... Nous osons à peine,

Sacountalâ.   5

après t'avoir aussi mal reçu, t'inviter à revenir parmi nous.

LE ROI.

Je vous en prie, ne parlez pas ainsi : votre seule présence était la plus charmante des hospitalités.

SACOUNTALA.

Anousouyâ !... attendez-moi !... la barbe d'un épi m'est entrée dans le pied, et ma tunique d'écorce est accrochée à une branche d'amarante : attendez que je me dégage. (*Elle sort avec ses amies en regardant le roi.*)

LE ROI, *avec un soupir.*

Les voilà toutes parties ! Il faut que je m'éloigne à mon tour... La rencontre de Sacountalâ m'a ôté toute envie de rentrer dans mon palais ; je vais donc installer ma suite à une distance suffisante de l'ermitage... Ah ! je ne puis détacher ma pensée de Sacountalâ.

La hampe du drapeau brave l'effort du vent ;
Mais l'étoffe captive ondoie et se rebelle.
Ainsi mon corps marche en avant ;
Mais mon cœur retourne vers elle.

ACTE II

CONFIDENCES

On voit paraître Mâdhavya, ami d'enfance[1] du roi.

MADHAVYA, *avec un soupir.*

OUF! je suis mort! Voilà ce qu'on gagne à l'amitié d'un roi qui a la rage de la chasse. J'en ai assez! Une gazelle par-ci, un sanglier par-là. Bon! voilà qu'il faut courir, en plein midi, dans les clairières. Pour se rafraîchir, des ruisseaux d'eau tiède pleins de feuilles pourries. On mange à des heures indues; le rôti est brûlé. La nuit, pas moyen de dormir : les chevaux et les éléphants piétinent. Pour réveil, au point du jour, un bruit qui fend les oreilles : les damnés chasseurs partent pour la forêt. — Encore si c'était tout! Mais non! L'ampoule

---

1. Personnage de convention, gourmand et poltron, le bouffon du théâtre indien.

tourne en panaris. Tout en chassant, Sa Majesté,
sans rien dire, est entrée dans un ermitage, et elle
y a rencontré, pour mes péchés, une jeune novice
qu'on appelle Sacountalâ. Depuis qu'il l'a vue, il
n'est plus question de s'en retourner. — C'est au
milieu de ces agréables réflexions que j'ai vu luire
l'aurore. Comment sortir de là? Il doit avoir fini
ses ablutions... Je vais aller le trouver. *(Il fait quelques pas et regarde devant lui.)* Mais le voici qui
vient, son arc et ses flèches dans la main, et sa
bien-aimée dans le cœur. Il porte une couronne
de fleurs des bois. Bien! Je vais l'attendre dans
l'attitude d'un homme moulu. Si je pouvais faire
valoir ainsi mes droits au repos! *(Il s'appuie sur son
bâton et reste immobile. On voit paraître le roi cou-
ronné de fleurs sauvages, l'arc et les flèches à la
main.)*

LE ROI, *à part.*

Son cœur, que j'ai touché, sera lent à s'ouvrir;
Il est fier : j'attendrai. Mais l'espérance émousse
L'aiguillon de l'attente et la rend presque douce :
C'est une volupté d'être deux à souffrir.

(Souriant.) Voilà bien les illusions d'un amant.
Comme il trouve aisément dans le cœur de la bien-
aimée tout ce qu'il désire y voir!

Eh ! qu'importent les feux que lançaient ses prunelles !
A peine elle semblait savoir que j'étais là.
Certe, elle s'éloignait lentement... C'est qu'elle a
L'allure paresseuse et charmante des belles.
Enfin, quand son amie a voulu l'arrêter,
N'a-t-elle pas boudé son amie elle-même ?
Mais l'espoir obstiné sait tout interpréter.
        Elle me fuit... Donc elle m'aime !

MADHAVYA, *sans changer de position.*

Roi, je ne peux plus remuer ni jambes ni bras !
Excuse-moi si je ne te salue que de la voix.

LE ROI, *le regardant, avec un sourire.*

Et d'où te vient cette grande fatigue ?

MADHAVYA.

Tu le demandes ? Tu m'allonges un soufflet dans
l'œil, et il faut que je t'explique pourquoi je pleure !

LE ROI.

Je ne comprends pas. Parle plus clairement.

MADHAVYA.

Quand on plonge un bâton dans l'eau, il devient
bancroche, n'est-ce pas ? Est-ce sa faute ou celle
de l'eau ?

LE ROI.

C'est la faute de l'eau.

MADHAVYA.

Eh bien ! c'est aussi ta faute si je suis plié en
deux.

LE ROI.

Comment cela ?

MADHAVYA.

Dis-moi, c'est donc beau pour un roi d'abandonner les intérêts de ses sujets... et les grands chemins, pour aller vivre dans les forêts? Et moi, un brahmane [1], il faut, pour te complaire, que je coure après d'innocentes bêtes,... et que je me désarticule les membres! Je demande grâce. Reposons-nous une journée.

LE ROI, *à part.*

Il ne se doute pas que la chasse a maintenant aussi peu d'attraits pour moi que pour lui. Je ne pense qu'à la fille de Cannva.

Non, l'on ne verra plus ma main cruelle armée
Pour envoyer la mort aux êtres gracieux
Qui souvent ont bondi près de ma bien-aimée,
Et dont le doux regard a passé dans ses yeux !

MADHAVYA, *regardant le roi.*

Il rumine encore quelque chose. J'ai parlé dans le désert.

LE ROI, *souriant.*

Tu n'y es pas. Je me dis tout simplement qu'il faut se rendre aux désirs d'un ami.

MADHAVYA, *enchanté.*

Sois donc béni ! (*Il veut se redresser.*)

---

1. Le respect des êtres vivants est un devoir pour les brahmanes.

LE ROI.

Attends encore un peu ; je n'ai pas fini.

MADHAVYA.

Tu n'as qu'à commander.

LE ROI.

Quand tu te seras bien reposé, je t'emploierai à une autre affaire qui ne te donnera aucune peine.

MADHAVYA.

Est-ce à manger des gâteaux ?

LE ROI.

Tu vas le savoir.

MADHAVYA.

Je grille d'impatience.

LE ROI.

Holà ! quelqu'un !

L'HUISSIER.

Je suis aux ordres de Sa Majesté.

LE ROI.

Raivataca, prie le général de venir.

L'HUISSIER.

J'obéis. (*Il sort et revient avec le général.*) Venez, Seigneur, le roi vous donne audience ; vous pouvez approcher.

LE GÉNÉRAL, *regardant le roi, à part.*

Il y a beaucoup à dire contre la chasse. Mais on ne peut pas lui reprocher de nuire à la beauté du roi.

Rien ne peut échapper à sa flèche volante ;
La corde de son arc a labouré sa chair :
Mais ni les durs travaux ni la chaleur brûlante
N'arrachent de sueur à ses membres de fer.
Ses bras longs et puissants bravent la lassitude ;
Son corps souple et nerveux n'est pour lui d'aucun poids :
Tel l'éléphant qui vit, loin de la servitude,
Sur la montagne, au fond des bois.

(*S'approchant.*) Gloire au roi ! Sire, je me suis assuré que cette forêt est pleine de gibier. J'attends vos ordres.

LE ROI.

Bhadraséna, Mâdhavya m'a dit tant de mal de la chasse qu'il m'en a détourné.

LE GÉNÉRAL, *bas à Mâdhavya.*

Courage ! continue, ami Mâdhavya. Moi, je suis obligé de flatter le maître. (*Haut.*) Sire, ne prenez pas garde aux sottises qu'il vous débite. Moi, votre exemple m'a converti.

Combattre l'embonpoint pesant,
Rester fort, souple, séduisant,
Bouillir d'audace !
S'amuser d'un faible ennemi
Qui tantôt fuit, mort à demi,
Tantôt menace ;
Percer de la pointe d'un trait
Un but qui court et disparaît
De place en place ;
Être vainqueur, toujours vainqueur :
Voilà le rêve de mon cœur.
Vive la chasse !

MADHAVYA, *en colère.*

Va-t'en, toi! tu ne rêves que plaies et bosses!
Le roi est revenu à des sentiments plus doux.
Quant à toi, méchant bâtard, tu peux te promener, si bon te semble, de forêt en forêt, jusqu'à ce
qu'un vieil ours, en quête d'une gazelle ou d'un
chacal, te trouve sur sa route et t'avale.

LE ROI.

Bhadraséna, je ne suis pas de ton avis. Nous
sommes ici trop près de l'ermitage. Adieu la chasse!

> *Buffles amis de l'onde et des fourrés humides,*
> *Soyez heureux : plongez vos cornes dans les eaux.*
> *Broutez en paix, dormez, antilopes timides :*
> *A l'ombre des grands bois couchez-vous en troupeaux,*
> *Sangliers, qui tremblez pour vos petits sans armes,*
> *Roulez-vous sans souci dans l'herbe des marais.*
> *Bêtes des bois, vivez désormais sans alarmes :*
> *Ne craignez plus mes traits!*

LE GÉNÉRAL.

Comme il plaît au roi.

LE ROI.

Quelques archers avaient dû prendre les de-
vants. Fais-les rappeler. Empêche mes hommes
d'armes de jeter le trouble dans l'ermitage et tiens-
les à une distance respectueuse. Tu le sais...

> *L'ermite qu'on insulte est, dans son humble case,*
> *Pareil au feu qui couve et peut tout consumer.*
> *Un regard du soleil suffit pour animer*
> *La froideur du cristal, qui tout à coup s'embrase.*

6

LE GÉNÉRAL.

Les ordres du roi seront exécutés.

MADHAVYA.

Va-t’en, trouble-fête! va-t’en! (*Le général sort.*)

LE ROI, *jetant un regard à ses gens.*

Allez ôter vos habits de chasse. Et toi, Raiva-taca, veille aux soins de ta charge.

L’HUISSIER.

J’obéis. (*Il sort.*)

MADHAVYA.

Tu as chassé les moustiques. Maintenant, vois ce dais de verdure et ce banc de pierre au-dessous. Veux-tu t’y asseoir? Pour mon compte, je m’y trouverai très bien.

LE ROI.

Montre-moi le chemin.

MADHAVYA.

Eh bien! suis-moi. (*Ils font quelques pas et s’assoient.*)

LE ROI.

Ami Mâdhavya, à quoi donc te servent tes yeux? Tu n’as pas vu ce qu’il y a de plus beau au monde.

MADHAVYA.

Que dis-tu? N’es-tu pas devant moi?

LE ROI.

On se plaît toujours à soi-même. Ce n’est pas de moi qu’il est question. Je veux parler de la perle de cet ermitage, de Sacountalâ.

MADHAVYA, *à part.*

Attends un peu ! Si tu crois que je vais t'encourager ! (*Haut.*) Bah ! c'est la fille d'un brahmane. Tu ne peux pas y prétendre. A quoi te sert de l'avoir vue ?

LE ROI.

Sot que tu es !

> *Le croissant nouveau qui luit*
> *Dans la nuit*
> *Est la merveille du monde,*
> *Et l'on goûte sans désir*
> *Le plaisir*
> *De voir sa lumière blonde !*

Mais l'objet qui a touché le cœur de Douchanta n'est pas hors de sa portée.

MADHAVYA.

Explique-toi.

LE ROI.

> *L'ermite a rencontré l'enfant sur son chemin.*
> *Sa patrie est le ciel, ce bois fut son asile :*
> *Cannva la recueillit, et l'éclatant jasmin,*
> *Détaché de sa branche, orna ce tronc stérile.*

MADHAVYA, *éclatant de rire.*

Ainsi, tu oublies pour elle les beautés de ton harem ? Mais, après tout, on voit des gens, fatigués de dattes, se jeter avidement sur le fruit aigrelet des tamarins.

LE ROI.

Ami, si tu la voyais, tu tiendrais un autre langage.

MADHAVYA.

Il faut qu'elle soit bien belle, en effet, pour inspirer un pareil enthousiasme à un connaisseur comme toi !

LE ROI.

Mon cher, deux mots suffisent.

Mille traits ont formé cette beauté céleste :
Brahma les assembla ; Brahma, d'un œil ami,
A caressé son œuvre, et cet effort atteste
Qu'il a voulu donner une sœur à Lakchmî[1].

MADHAVYA.

Je vois, elle fait pâlir toutes les autres.

LE ROI.

Sais-tu ce que je me dis?

Personne n'a jamais respiré cette fleur ;
Nul ongle n'a blessé sa tige intacte et pure.
Rubis, elle a brillé sans servir de parure.
Miel nouveau, nul palais n'a connu sa saveur.
    Mon cœur frémit quand j'y pense !
    Ah ! qui donc, en récompense
    De quelque ancienne existence[2]
    Fermée à la volupté,
    Quel être digne d'envie,
    Quel ascète a mérité

---

1. Déesse de la beauté.
2. On sait que les Hindous croient à la métempsycose.

D'apporter en cette vie
Une faim inassouvie
Au festin de sa beauté ?

MADHAVYA.

Dépêche-toi alors. Épouse-la vite. Si l'infortunée allait échoir à un de ces ermites qui se pommadent avec de l'huile d'Ingoudî[1] !

LE ROI.

Hélas ! elle ne peut disposer d'elle-même ; et son père est absent.

MADHAVYA.

Et quelle impression as-tu faite sur elle ?

LE ROI.

Mon cher, les jeunes novices sont naturellement réservées ;

Ses yeux craignent encor de se livrer à moi ;
Mais elle ne pouvait s'empêcher de sourire,
Heureuse en dépit d'elle, et je voyais pourquoi,
Bien qu'elle n'ait rien osé dire.

MADHAVYA.

Ah oui ! elle aurait dû peut-être se jeter tout de suite dans tes bras ?

LE ROI.

Mais c'est quand elle est partie avec ses compagnes qu'elle s'est complètement trahie.

Elle s'est retournée au bout de quelques pas,
Disant : « Holà ! l'herbe me pique !

---

1. Sorte de noix sauvage.

« *La ronce accroche ma tunique !* »
Mais ce n'était qu'un jeu qui ne me trompait pas.

MADHAVYA.

Elle t'a donné un os à ronger. Voilà sans doute ce qui te retient près de l'ermitage.

LE ROI.

Mon bon Mâdhavya, trouve-moi quelque prétexte pour y retourner.

MADHAVYA.

Il y en a un tout trouvé. N'es-tu pas le roi?

LE ROI.

Eh bien !

MADHAVYA.

Va réclamer aux ermites la dîme[1] de leur riz sauvage

LE ROI.

Imbécile! ne sais-tu pas qu'ils me payent un tribut plus précieux que des monceaux de perles?

A mes autres sujets je demande de l'or;
Mais je lève un impôt moins vil sur les ermites :
Leur ascétisme est riche ; il emplit mon trésor
De la dîme de leurs mérites.

VOIX *derrière la scène.*

Nous touchons au but.

---

1. Exactement : la sixième partie.

LE ROI, *écoutant.*

J'entends des voix douces et graves. Ce sont des ascètes.

L'HUISSIER, *entrant.*

Gloire au roi ! Deux jeunes sages sont sur le seuil.

LE ROI.

Fais-les entrer.

L'HUISSIER.

J'obéis. *(Il sort et revient avec les deux ermites.)* Par ici, je vous prie.

PREMIER ERMITE, *regardant le roi.*

Il brille comme la flamme, et cependant il inspire la confiance. Mais pourquoi m'en étonnerais-je ? Tout roi qu'il est, il peut passer pour un des nôtres.

> Son palais, comme un ermitage,
> S'ouvre pour l'hospitalité,
> Et les Gandharvas [1] l'ont chanté
> Comme un héros et comme un sage.
> Notre piété qu'il défend
> Est une ample moisson qu'il sème.
> Tout cède à son bras triomphant ;
> Son cœur sait se vaincre lui-même.

SECOND ERMITE.

Ami, est-ce là le roi Douchanta, le compagnon du dieu Indra ?

---

1. Musiciens célestes.

PREMIER ERMITE.

C'est lui.

SECOND ERMITE.

Il est digne vraiment de commander au monde
Jusqu'aux bords où la mer brise ses flots d'azur.
Son bras est pour son peuple un formidable mur :
Sous ce puissant abri règne la paix féconde.
Si parfois les démons viennent braver les dieux,
Il faut pour les chasser deux armes : le tonnerre
Dans la droite du roi des cieux,
Et l'arc de ce dieu de la terre !

TOUS LES DEUX, *s'approchant.*

Gloire au roi !

LE ROI, *se levant.*

Salut à vous !

LES DEUX ERMITES.

Salut ! (*Ils lui présentent des fruits[1].*)

LE ROI, *prenant les fruits et s'inclinant.*

Veuillez me dire ce qui vous amène.

LES DEUX ERMITES.

Nos ascètes savent que tu es près d'eux, et ils
t'adressent cette prière...

LE ROI.

Parlez : leurs désirs sont des ordres pour moi.

LES DEUX ERMITES.

En l'absence de notre maître, les Râkchasas[2]

---

1. Nul ne doit paraître devant un roi sans lui faire un
présent.
2. Démons qui troublent les sacrifices.

viennent troubler nos pieux exercices. Nous avons besoin d'un protecteur. Daigne venir, avec ton cocher, passer quelques jours dans l'ermitage.

LE ROI.

Ce sera un honneur pour moi.

MADHAVYA, *bas.*

On te prend à la gorge; mais tu ne t'en plains pas.

LE ROI.

Raivataca, va dire à mon cocher d'amener mon char et d'apporter mon arc et mes flèches.

L'HUISSIER.

Les ordres du roi seront exécutés. (*Il sort.*)

LES DEUX ERMITES.

Secours à l'opprimé, justice à l'innocent
Sont les rites sacrés que pratique ta race
Tes aïeux sont contents de toi; tu suis leur trace,
Et Pourou peut encore être fier de son sang.

LE ROI.

Allez devant; je vous suis.

LES DEUX ERMITES.

Sois victorieux! (*Ils sortent.*)

LE ROI.

Mâdhavya, veux-tu voir Sacountalâ?

MADHAVYA.

Tout à l'heure je n'y aurais pas vu d'inconvétient; mais maintenant j'en vois un... Cette hisnoire de Râkchasas...

LE ROI.

Tu n'as rien à craindre. Ne seras-tu pas à mes côtés ?

L'HUISSIER, *entrant*.

Le char du roi est prêt à partir pour la victoire. Mais voici Carabhaca qui arrive du palais. C'est la reine [1] qui l'envoie.

LE ROI, *respectueusement*.

Ma noble mère l'a chargé d'un message pour moi ?

L'HUISSIER.

Oui, Sire.

LE ROI.

Fais-le vite entrer.

L'HUISSIER. (*Il sort et revient avec le messager.*)

Carabhaca, voici le roi : approchez-vous.

LE MESSAGER, *s'approchant et s'inclinant*.

Gloire au roi ! La reine vous fait savoir...

LE ROI.

Parle : j'exécuterai ses ordres.

LE MESSAGER.

...Que dans quatre jours elle observera le jeûne [2]

---

1. La reine mère.
2. Cérémonie propitiatoire.

à votre intention. Elle désire que vous soyez alors auprès d'elle.

LE ROI.

D'un côté, ma mère m'appelle; de l'autre, les ascètes me retiennent. J'ai à remplir deux devoirs également sacrés. Comment les concilier?

MADHAVYA, *riant.*

Reste entre les deux, comme Trisancou [1].

LE ROI.

Je suis vraiment dans un grand embarras.

> *Mon cœur, qui se partage, a les murmures vagues*
> *Du torrent*
> *Où le rocher se dresse et divise en deux vagues*
> *Le courant.*

(*Après réflexion.*) Ami, ma noble mère t'aime comme un fils. Retourne au palais; dis-lui que je suis retenu ici par mes devoirs envers les ascètes, et remplace-moi auprès d'elle dans la cérémonie.

MADHAVYA.

Si je pars,... ne va pas croire, au moins, que ce soit par crainte des Râkchasas.

LE ROI, *souriant.*

O illustre brahmane! qui aura jamais pareille idée de toi?

---

1. Allusion à la légende d'un roi qui, ayant voulu s'élever jusqu'au ciel et n'ayant pu réussir à y entrer, resta suspendu entre le ciel et la terre.

MADHAVYA.

Alois je veux avoir le même cortège qu'un frère
de roi.

LE ROI.

Comment donc! Pour être plus sûr de n'apporter aucun trouble dans l'ermitage, je vais renvoyer
toute ma garde avec toi.

MADHAVYA, *orgueilleusement.*

Ah! ah! je passe héritier présomptif.

LE ROI, *à part.*

Le coquin est bavard; il pourrait bien aller pu-
blier dans le harem mes nouvelles amours. Prenons
nos précautions. (*Haut, en prenant Mâdhavya par
la main.*) Ami Mâdhavya, c'est par déférence pour
les ascètes que je vais m'installer dans l'ermitage...
Ne va pas croire, au moins, que je sois vraiment
amoureux de la jeune novice.

> *J'ai voulu rire, tu vois!*
> *Et mon cœur dément ma bouche :*
> *L'antilope est moins farouche*
> *Que cette fille des bois !*

MADHAVYA.

Ah! bon! c'est entendu.

ACTE III

———

L'AMOUR

On voit paraître le disciple d'un brahmane, portant du gazon pour l'autel.

LE DISCIPLE.

MERVEILLEUSE puissance du roi Douchanta ! Il lui a suffi d'entrer dans l'ermitage : rien ne vient plus troubler nos sacrifices.

Qui donc affronterait ce héros combattant ?
Sans combat le démon lui cède :
J'ai vu fuir, au seul bruit de son arme qu'il tend,
La bande impure qui m'obsède.

Je vais porter aux prêtres cette botte de gazon sacré pour en joncher l'autel. (*Il fait quelques pas. Regardant autour de lui, à la cantonade.*) Tiens ! Priyamvadâ, à qui portes-tu cet onguent d'Ousira et ces feuilles de lotus avec leurs racines? (*Après avoir écouté.*) Que dis-tu? Sacountalâ, brûlée par l'ardeur du soleil, a été prise d'une fièvre violente? Et ceci est destiné à la calmer? Hâte-toi donc et soigne-la bien. Tu sais ce que dit Cannva : cette enfant est toute sa vie. De mon côté, je vais confier l'eaù sainte à la vénérable Gautamî. C'est elle qui la lui portera. (*Il sort.*)

Le roi paraît. Il a l'air pensif.

LE ROI.

Oui ! Son père est un feu qui peut me consumer :
Quand on lui fait injure, il faut qu'on s'en repente.
Mais rien n'empêchera l'eau de suivre sa pente,
Ni mon cœur de l'aimer !

Les ermites ont retrouvé la paix : ils m'ont permis de me retirer. Où chercher maintenant un soulagement à ma peine? Ah! le seul remède serait la vue de ma bien-aimée. (*Regardant le ciel.*) Voici l'heure la plus brûlante du jour; elle la passe d'ordinaire avec ses amies sur les bords de la Mâlinî, dans les lianes qui font à la rivière une ceinture de fleurs : c'est là qu'il faut aller. (*Il fait quelques pas*

et regarde.) Voilà, entre les jeunes arbres, le chemin qu'elle a dû suivre :

> *Les tiges dont ses doigts ont détaché les fleurs*
> *Laissent voir leur blessure ouverte :*
> *La sève y monte encore et redescend en pleurs,*
> *Blanche, au long de l'écorce verte.*

(*Il éprouve un frisson.*) Un vent frais souffle dans
les arbres.

> *Ceux dont l'amour brûle les os*
> *Doivent venir ici : la brise,*
> *Humide du baiser des eaux,*
> *Exhale un parfum qui me grise.*

(*Après avoir regardé autour de lui.*) Sacountalâ
doit être sous ce berceau de bambous.

> *Cette trace de pas en est la marque sûre :*
> *Le sable du chemin a porté son beau corps,*
> *Et je crois contempler les opulents trésors*
> *Que déroule à loisir sa nonchalante allure.*

J'essayerai de la voir en me tenant caché derrière ces arbres. (*Il s'approche et regarde.*) Ah! voilà
les délices de mes yeux, l'objet de mes ardents
désirs! Un tapis de fleurs sur un banc de pierre
lui sert de couche, et ses deux amies s'empressent
autour d'elle. Elles se croient seules : je vais assister
à leur entretien. (*Il reste à les regarder.*)

On voit Sacountalâ avec ses deux amies.

LES DEUX AMIES. (*Elles l'éventent.*)

Chère amie, le vent de ces feuilles de lotus te soulage-t-il un peu?

SACOUNTALA, *abattue.*

Que dites-vous, chères compagnes? Vous agitiez donc ces éventails? (*Les deux amies se regardent d'un air désolé.*)

LE ROI.

Elle paraît gravement indisposée. Est-ce la chaleur du jour qui l'accable? ou son mal n'a-t-il pas une autre cause que je soupçonne?... Le doute n'est pas possible.

> Son beau sein est rempli d'un feu qui le dévore;
> L'onguent l'a parfumé, mais ne l'a pas guéri;
> Le lotus[1] a séché sur son bras amaigri :
>   Cependant qu'elle est belle encore !
> L'excès de la chaleur est un supplice égal
> A l'amour qui saisit la femme et la tourmente :
> Ce sont les mêmes feux; mais l'amour est un mal
>   Qui rend la malade charmante !

PRIYAMVADA, *bas à Anousouyâ.*

Depuis le jour où elle a vu le roi, Sacountalâ est mélancolique; n'est-ce pas lui qui est la cause de son mal?

---

1. Dont elle s'est fait un bracelet.

ANOUSOUYA, *bas.*

J'ai la même idée : il faut l'interroger. (*Haut.*)
Chère amie, laisse-moi te faire une question... Tu
souffres trop !

SACOUNTALA, *se soulevant à demi sur sa couche.*

Parle : que veux-tu savoir ?

ANOUSOUYA.

Ma chère Sacountalâ, nous ignorons ce qui se
passe dans ton cœur ; mais nous avons lu des poè-
mes et des contes : on y dépeint le mal d'amour,
et ton mal nous semble tout pareil. Dis-nous d'où
viennent tes souffrances ; nous ne pouvons y porter remède sans en connaître la cause.

LE ROI.

Anousouyâ pense comme moi.

SACOUNTALA.

Attendez un peu... Mon oppression est trop
grande... Je ne puis vous répondre maintenant.

PRIYAMVADA.

Chère amie, Anousouyâ a bien parlé. Pourquoi
nous caches-tu ton mal ? Tes forces diminuent chaque jour ; ta beauté n'est plus qu'une ombre.

LE ROI.

Priyamvadâ n'a dit que trop vrai.

> *Sa joue est amaigrie, et sa peau presque blanche ;*
> *Ses seins ont perdu leur fierté ;*
> *Son épaule qui tombe et sa taille qui penche*
> *N'ont plus qu'un reste de beauté.*

Ravages de l'amour qui fait languir sa proie !
Mal aussi charmant que cruel !
Ainsi la feuille brûle et la liane ploie,
Quand le vent embrase le ciel.

SACOUNTALA, *soupirant.*

A qui me confierai-je, si ce n'est à vous? Mais je vais vous affliger.

LES DEUX AMIES.

Raison de plus pour parler. On ne peut adoucir la peine d'une amie qu'en la partageant.

LE ROI.

Elle leur livrera le secret de son âme :
N'ont-elles pas mêlé leurs larmes bien des fois ?
Elle leur doit l'aveu que l'amitié réclame,
Et je vais entendre sa voix...
Je sais que pour me voir elle a tourné la tête :
Ses yeux étincelaient de désir et d'amour !
Et maintenant qu'enfin sa réponse s'apprête,
Je tremble et je souffre à mon tour.

SACOUNTALA.

Depuis le jour où le protecteur de l'ermitage, le sage roi, s'est offert à mes yeux... (*La honte l'empêche de poursuivre.*)

LES DEUX AMIES.

Parle, chère amie !

SACOUNTALA.

Il ne sort pas de ma pensée : voilà la cause de mon mal.

LES DEUX AMIES.

Nous te félicitons de ton choix; mais il ne nous étonne pas : la pente des grandes rivières les entraîne droit à l'Océan.

LE ROI, *au comble de la joie.*

J'ai entendu ce que je voulais entendre.

> *Comme la fraîche brise, après un jour de flamme,*
> *Ranime les étres vivants,*
> *Amour, qui m'as brûlé, tu rafraîchis mon âme :*
> *Tes feux ont la douceur des vents !*

SACOUNTALA.

Si vous ne me condamnez pas, faites qu'il ait pitié de moi, ou sinon,... gardez ma mémoire !

LE ROI.

J'aurais mauvaise grâce à douter encore.

PRIYAMVADA, *bas à Anousouyâ.*

Le mal est profond : il n'y a pas de temps à perdre.

ANOUSOUYA, *bas.*

Mais quel moyen de la guérir sans retard et sans bruit ?

PRIYAMVADA.

Sans bruit,... c'est à quoi il faut songer; sans retard,... rien n'est plus facile.

ANOUSOUYA.

Comment cela ?

PRIYAMVADA.

N'as-tu pas observé le roi? N'as-tu pas surpris ses tendres regards? Ne vois-tu pas que lui aussi maigrit, qu'il ne dort pas depuis plusieurs jours?

LE ROI.

Elle a tout remarqué. Il est vrai...

La chasse que j'aimais n'a pour moi plus de charmes;
Toutes les nuits je veille en appelant le jour,
Et mon bracelet d'or glisse, mouillé de larmes,
Sur mon bras qui languit d'amour.

PRIYAMVADA, *après réflexion.*

Ma chère, écris-lui : je cacherai la lettre dans un bouquet de fleurs, et j'irai le lui offrir pour sa part des offrandes que nous faisons aux dieux.

ANOUSOUYA.

Priyamvadâ, tu as une charmante idée : j'y donne mon approbation. Mais qu'en pense Sacountalâ?

SACOUNTALA.

Vous commandez; il faut bien que j'obéisse.

PRIYAMVADA.

Compose donc quelque jolie chanson qui peigne l'état de ton cœur.

SACOUNTALA.

Je vais y songer. Mais je tremble... S'il allait dédaigner mon amour!

LE ROI, *toujours caché et à part.*

Celui dont tu crains la froideur
Est plein de passion lui-même :

C'est lui qui déborde d'ardeur,
*   C'est lui qui t'aime !*
Trop souvent la Fortune a fui
L'homme qui cherchait à l'atteindre;
Mais, quand elle court après lui,
*   Qu'a-t-elle à craindre ?*

LES DEUX AMIES.

Tu te connais mal. Après les chaleurs accablantes de l'été, quand la lune éclaire une belle nuit d'automne, ouvre-t-on un parasol pour s'en garantir ?

SACOUNTALA, *souriant.*

Me voici au travail. (*Elle médite.*)

LE ROI.

Ah ! je ne puis me rassasier de ce spectacle.

Son œil brille, son front se plisse; mon image
Sur sa peau qui frémit soulève un fin duvet :
Déjà le chant d'amour que la vierge rêvait
Est en lettres de flamme écrit sur son visage !

SACOUNTALA.

Chère amie, j'ai fini ma strophe, mais je n'ai rien pour l'écrire.

PRIYAMVADA.

Prends cette feuille de lotus soyeuse comme la plume d'un oiseau, et grave tes vers avec la pointe de l'ongle dans les intervalles des nervures.

SACOUNTALA.

Écoutez donc, et dites-moi si j'ai su faire parler mon cœur.

LES DEUX AMIES.

Nous sommes tout oreilles.

SACOUNTALA. (*Elle lit.*)

> *L'amour me dévore :*
> *Hélas ! je t'adore,*
> *Et j'attends encore*
> *Ton brûlant aveu !*
> *Mes jours sont funèbres ;*
> *L'heure des ténèbres*
> *Fait dans mes vertèbres*
> *Ruisseler le feu !*

LE ROI, *s'élançant vers elle.*

> *Tu brûles au lever du soleil de l'amour !*
> *M'a-t-il donc épargné ? Crois-tu mon cœur plus ferme ?*
> *L'aurore naît : la fleur du nymphéa se ferme ;*
> *Mais son céleste amant* [1] *meurt dans les feux du jour !*

LES DEUX AMIES. (*En le voyant, elles se lèvent.*)

Sois le bien venu ! L'arbre de notre désir paraît devant nous, déjà chargé de ses fruits. (*Sacountalâ veut aussi se lever.*)

LE ROI.

> *Ne te lève pas ! Reste ! Oh ! reste sur ta couche !*
> *Regarde autour de toi ces fleurs : tu les verras*
> *Se flétrir sous ta peau brûlante qui les touche ;*
> *Les fibres du lotus se fanent sur ton bras.*

---

1. La lune, dont le nom est masculin en sanscrit.

SACOUNTALA. (*Elle tressaille. A part.*)

O mon cœur! tu languissais dans l'attente, et maintenant tu ne sais pas jouir de ton bonheur.

ANOUSOUYA.

Sa Majesté ne daignera-t-elle pas prendre place sur ce banc? (*Sacountalâ s'écarte un peu.*)

LE ROI, s'asseyant.

Priyamvadâ, votre amie souffre beaucoup...

PRIYAMVADA, souriant.

Elle guérira bientôt : le remède n'est pas loin d'elle. — Grand roi, on voit assez combien vous vous aimez tous les deux; mais si ce que je vais dire te semble inutile, tu me pardonneras : c'est ma tendresse pour elle qui me fait parler.

LE ROI.

Épanchez-vous, ma belle! On regrette plus tard de n'avoir pas ouvert son cœur.

PRIYAMVADA.

Daigne donc m'entendre.

LE ROI.

J'écoute.

PRIYAMVADA.

C'est le devoir d'un roi, n'est-ce pas, de garantir de tout mal les ermitages et leurs habitants?

LE ROI.

C'est le premier de tous ses devoirs.

PRIYAMVADA.

Eh bien! tu vois le mal qu'a fait à notre amie son amour pour toi. Aie pitié d'elle... Sauve-la!

LE ROI.

Ma belle, je l'aime autant qu'elle peut m'aimer. Ce que tu me demandes, c'est le bonheur pour moi.

SACOUNTALA, *avec un sourire où perce la jalousie.*

Ne retenez donc pas le grand roi! Ne voyez-vous pas qu'il est pensif? Il songe aux beautés qu'il a laissées dans son harem.

LE ROI.

Ah! que tu connais mal un cœur qui t'appartient!
J'étais meurtri déjà : l'amour m'a pris pour cible;
Mais de tous les affronts voilà le plus sensible,
Et c'est de toi qu'il vient!

ANOUSOUYA.

Sire, on dit que les rois ont beaucoup d'amies... Puissent les parents de notre chère compagne n'avoir jamais à pleurer sur le sort que tu lui feras!

LE ROI.

Ma belle, un mot suffit.

Nulle autre en mon harem ne sera souveraine;
Ma noble race et moi,
Nous aurons deux appuis : la Terre [1] et cette reine,
Dont le fils sera roi.

1. Première épouse des rois, selon les idées indiennes.

LES DEUX AMIES.

Tu combles nos vœux. (*Sacountalâ fait un mouvement de joie.*)

PRIYAMVADA, *bas à Anousouyâ.*

Regarde, Anousouyâ, regarde... Notre amie, d'instant en instant, semble revenir à la vie, comme le paon qui commence à sentir, à la fin de l'été, le vent frais de la saison des pluies.

SACOUNTALA.

Chères compagnes, priez ce grand roi de nous excuser : nous avons dit, en nous croyant seules, des choses qui ont pu l'offenser.

LES DEUX AMIES, *souriant.*

C'est à celle qui a fait l'offense de demander elle-même son pardon. Quant à nous, nous avons la conscience nette.

SACOUNTALA.

Sa Majesté daignera-t-elle excuser ce qu'elle a entendu? Que ne dit-on pas quand on se croit sûr du secret?

LE ROI, *souriant.*

Cette offense, mon cœur ne s'en souviendra pas,
Je pardonnerai tout,... si ta faveur me laisse,
Sur ce tapis qui semble inviter ma mollesse,
A tes pieds, un instant, poser mes membres las !

PRIYAMVADA.

Oh! si ce n'est que cela !...

SACOUNTALA, *feignant la colère.*

Tais-toi, bavarde. Tu vois mon mal, et tu en
ris.

ANOUSOUYA, *regardant dans la coulisse.*

Priyamvadâ, vois, le petit faon, le nourrisson
de l'ermitage, est inquiet; il regarde de tous côtés:
il a perdu sa mère, et il cherche après elle. Je vais
l'aider à la retrouver.

PRIYAMVADA.

Ma chère, il est si sauvage! tu n'en viendras pas
à bout toute seule : je vais avec toi. (*Elles partent
toutes les deux.*)

SACOUNTALA.

Ne vous éloignez pas! ne me laissez pas seule!

LES DEUX AMIES, *souriant.*

Tu n'es pas seule : le protecteur de la terre est
à tes côtés. (*Elles sortent.*)

———————

SACOUNTALA.

Comment! mes compagnes m'ont abandonnée!

LE ROI, *après avoir regardé tout autour de lui.*

Calme-toi, belle, ton serviteur remplacera tes
compagnes. Parle : que dois-je faire?

Faut-il que l'on t'évente, ô ma belle maîtresse ?
Ce lotus t'enverrait un souffle humide et doux.
Ou bien, veux-tu poser tes pieds sur mes genoux ?
Ils se ranimeront sous ma chaude caresse !

SACOUNTALA.

Je ne manquerai pas au respect que je te dois.
(*Elle se lève languissamment et veut s'éloigner.*)

LE ROI, *la retenant.*

Belle, l'heure est brûlante encore : ne t'expose
pas en cet état aux feux du jour.

> *Pour toi, ce frais tapis est un lit de douleur;*
> *Ton sein, sous les lotus, endure un mal sans trêve...*
> *Et tu pars ! Veux-tu donc que le soleil achève*
> *De brûler ta jeunesse en fleur ?*

SACOUNTALA.

Laisse-moi, laisse-moi, je t'en supplie! je ne suis
plus maîtresse de moi. Mes amies étaient ma seule
sauvegarde : que deviendrai-je sans elles?

LE ROI.

Ah! tu me fais tort avec cette pensée.

SACOUNTALA.

Les dieux me gardent d'offenser Sa Majesté!
C'est le destin que j'accuse.

LE ROI.

Pourquoi accuser le destin qui comble nos vœux?

SACOUNTALA.

Comment ne pas l'accuser? Il m'ôte la posses-
sion de moi-même, et me fait désirer ce que je ne
dois pas. (*Elle s'éloigne.*)

LE ROI.

Renoncerai-je au bonheur qui est si près de
moi? (*Il la suit et la retient par le pan de sa robe.*)

SACOUNTALA.

Fils de Pourou, respecte la décence; à chaque pas nous pouvons rencontrer un ermite.

LE ROI.

Tu n'as rien à craindre de tes maîtres. Cannva lui-même connaît la loi[1] : notre union ne le fera pas rougir.

> *Plus d'une fois déjà vos pieuses retraites*
> *Ont prêté leur ombrage aux rites de l'amour :*
> *Le Gandharva préside aux unions secrètes,*
> *Et Cannva bénira sa fille à son retour.*

(*Regardant autour de lui.*) Cependant elle dit vrai. On peut nous voir ici. (*Il laisse aller Sacountalâ. En revenant sur ses pas, il trouve un bracelet qu'elle a perdu, et le place sur son cœur.*)

SACOUNTALA, *regardant son bras, à part.*

Ah! je n'ai pas senti tomber mon bracelet. (*Elle revient sur ses pas. Haut.*) Seigneur, je me suis aperçue en chemin que j'avais perdu mon bracelet de lotus : c'est pour le chercher que je reviens, car j'ai deviné que tu l'as pris. Rends-le-moi donc.

---

1. « L'hymen n'est pas toujours entouré de flambeaux. » Le mariage par consentement mutuel est admis par le code de Manou. c'est ce qu'on appelle « le mode des Gandharvas ». Mais, naturellement, il faut qu'il soit reconnu des deux parties : de là le péril de l'héroïne, que le commencement de l'acte IV portera à son comble.

Les ermites ne sont pas loin. Ne me trahis pas ;
ne te trahis pas toi-même.

LE ROI.

Je te le rendrai, mais à une condition.

SACOUNTALA.

Laquelle ?

LE ROI.

C'est que tu me permettras de le rattacher moi-
même.

SACOUNTALA, *à part.*

Comment lui refuser ? (*Elle s'approche.*)

LE ROI.

Viens donc ! asseyons-nous sur ce banc. (*Ils s'assoient. Le roi prend la main de Sacountalâ.*) Frisson
délicieux !

SACOUNTALA.

Hâtez-vous, mon noble époux.

LE ROI, *joyeux, à part.*

Elle m'a appelé son époux : elle est à moi.
(*Haut.*) Belle, je crois que le bracelet n'est pas
encore solidement attaché ; permets que je recom-
mence.

SACOUNTALA, *souriant.*

Comme tu voudras.

LE ROI. (*Il rattache le bracelet avec une maladresse
voulue.*)

Ah ! m'y voici : regarde.

Ne cherche plus au ciel le fin croissant qui luit :
Il est là, sur ton bras. Vois ! Sous ma main qui tremble,
C'est lui, c'est son bel arc qui se referme, et semble
Mieux briller sur ta peau plus brune que la nuit.

SACOUNTALA.

Je n'y vois pas : le vent a secoué la fleur qui pend à mon oreille, et le pollen m'est entré dans l'œil.

LE ROI, *souriant.*

Permets que mon souffle en chasse cette poussière.

SACOUNTALA.

C'est trop de bonté; mais je n'ai pas confiance en toi.

LE ROI.

Tu as tort de parler ainsi : un nouveau serviteur est toujours docile.

SACOUNTALA.

Je craindrais l'excès de son zèle.

LE ROI, *à part.*

Je ne laisserai pas échapper cette occasion charmante. (*Il veut lui relever le visage; Sacountalâ résiste.*) O mon amour! ne crains pas que je t'offense. (*Sacountalâ reste un moment la tête inclinée et le regard perdu. Le roi lui relève le visage. A part.*)

Sa lèvre brûlante et pure,
Que jamais ardent baiser
Ne blessa de sa morsure,
Frémit,... et me dit d'oser !

SACOUNTALA.

Mon époux tarde beaucoup à tenir sa promesse.
(Il lui souffle dans l'œil.) Merci. Maintenant j'y vois ;
mais je suis confuse, et je ne sais comment remercier mon époux.

LE ROI.

J'ai déjà ma récompense.

Fleur charmante ! j'ai bu ton haleine, et ce baume
Endort le mal que j'ai souffert.
Ton abeille est heureuse : elle a humé l'arôme
Qui sort du lotus entr'ouvert !

SACOUNTALA.

Et si elle n'était pas heureuse encore ?

LE ROI.

Alors... (Il s'approche pour prendre un baiser.)
Voix derrière la scène.

Oiseaux fidèles[1], séparez-vous : voici la nuit.

SACOUNTALA. (Elle écoute et tressaille.)

Mon époux, c'est la vénérable Gautamî qui vient
s'informer de ma santé : cachez-vous derrière ce
buisson.

LE ROI.

J'y cours. (Il se cache. On voit entrer Gautamî
portant un vase plein d'eau.)

---

1. Ces oiseaux, nommés tchakravâkas, sont légendaires :
les Hindous croient que la nuit les sépare. Ici, naturellement, les deux oiseaux sont les deux époux, et la nuit est
Gautamî : l'avertissement vient des compagnes de Sacountalâ.

GAUTAMI.

Mon enfant, voici l'eau sacrée. (*Elle l'aide à se lever et regarde autour d'elle.*) Eh quoi! malade comme tu l'es, tu restes là sans autre compagne que ta divinité protectrice?

SACOUNTALA.

Depuis un instant seulement. Priyamvadâ et Anousouyâ viennent de descendre à la rivière.

GAUTAMI. (*Elle asperge Sacountalâ.*)

Chère enfant, puisse cette eau sainte te donner santé et longue vie! Ta fièvre a-t-elle un peu diminué? (*Elle pose la main sur son front.*)

SACOUNTALA.

Vénérable mère, je vais un peu mieux.

GAUTAMI.

La nuit est tombée : viens, retournons à la hutte.

SACOUNTALA. (*Elle se lève à regret. A part.*)

O mon cœur! le bonheur était là; tu as hésité, et le temps a passé : ne t'en prends qu'à toi-même (*Elle fait quelques pas et se retourne. Haut.*) Berceau de lianes, toi qui as calmé un instant l'ardeur qui me brûle, je te salue et je te dis : « Au revoir! » (*Elles sortent toutes les deux.*)

———

Le Roi, *revenant à l'endroit qu'il vient de quitter.*
Ah! que d'obstacles sur le chemin du bonheur!

> *Sa main était levée, et protégeait sa bouche*
> > *Contre moi;*
> *Ses lèvres disaient non, mais d'un air peu farouche,*
> > *Sans effroi;*
> *J'ai vu ses grands yeux noirs, au lieu de la défendre,*
> > *S'embraser:*
> *J'ai relevé sa tête, et je n'ai pas su prendre*
> > *Un baiser!*

Où irai-je maintenant? Mais pourquoi partir? Je veux rester un instant sous ce berceau où a reposé ma bien-aimée. (*Regardant autour de lui.*)

> *Voici le banc de pierre où j'ai vu ma maîtresse,*
> *Voici le lit de fleurs que son corps a froissé;*
> *Voici le fin lotus où son ongle a tracé*
> > *Des mots d'amour à mon adresse*
> *J'ai vu ce bracelet à son bras gracieux:*
> *Tout me rappelle ici la femme que j'adore!*
> *Ah! je ne puis quitter ce coin délicieux*
> > *Où je crois l'entrevoir encore!*

(*Réfléchissant*) La faute en est à moi: j'étais près d'elle, et j'ai laissé le temps fuir.

> *Ah! si j'étais seul avec elle!*
> *Ah! si je pouvais la saisir!*
> *J'empêcherais bien le plaisir*
> *De m'échapper à tire-d'aile!*
> *Voilà ce que me dit mon cœur;*
> *Il souffre, il se plaint, il m'accuse:*
> *Mais, devant elle, il se refuse,*
> *Hélas! à parler en vainqueur!*

10

Voix *derrière la scène.*

Au secours, roi! au secours!

Est-ce le couchant plein de flammes?
Non! la terreur glace nos âmes:
Ce sont les Râkchasas infâmes
Qui flairent le Soma [1] dans l'air.
Leur troupe s'amasse et s'agite
Autour du foyer qui crépite:
La vois-tu, l'engeance maudite
Des fantômes mangeurs de chair?

Le Roi, *entendant les voix.*

Ne craignez rien, ermites : je suis auprès de vous

1. Liqueur du sacrifice.

ACTE IV

—

ADIEUX A L'ERMITAGE

PREMIÈRE PARTIE

On voit entrer les deux amies de Sacountalâ, cueillant
des fleurs.

ANOUSOUYA.

NOTRE chère Sacountalâ s'est unie au
roi selon le rite des Gandharvas ; elle
a un époux digne d'elle ; elle est au
comble de ses vœux, et cependant je
ne suis pas tranquille.

PRIYAMVADA.

Pourquoi donc ?

ANOUSOUYA.

Aujourd'hui même, à la fin du sacrifice, les religieux ont congédié le roi. Il retourne dans son
palais ; il va y retrouver toutes ses femmes ; n'ou-
bliera-t-il pas notre amie ?

PRIYAMVADA.

Ce n'est pas là ce qu'il faut craindre : son noble visage m'est un sûr garant de sa fidélité. Mais j'ai un autre souci : Cannva doit bientôt revenir de son pèlerinage ; que dira-t-il quand il apprendra ce qui s'est passé ?

ANOUSOUYA.

Tu veux savoir ce que je pense ? Eh bien! il approuvera tout.

PRIYAMVADA.

Tu crois ?

ANOUSOUYA.

Sans doute. Ne voulait-il pas la donner à un époux digne d'elle ? Le destin s'est chargé de ce soin : son vœu est rempli.

PRIYAMVADA.

Tu as raison. (*Regardant leur corbeille de fleurs.*) Ma chère, je crois que nous avons assez de fleurs pour nos offrandes.

ANOUSOUYA.

Oui ; mais il faut en cueillir aussi pour la divinité protectrice de Sacountalâ.

PRIYAMVADA.

C'est vrai. (*Elles continuent à cueillir des fleurs.*)
VOIX *derrière la scène.*

Holà! c'est moi.

ANOUSOUYA, *prêtant l'oreille.*

Ma chère, il me semble que c'est un hôte qui appelle.

PRIYAMVADA.

Sacountalâ est dans la hutte. (*Après réflexion.*) Il est vrai qu'aujourd'hui son cœur est ailleurs. Allons! arrêtons là notre cueillette. (*Elles se disposent à partir.*)

LA MÊME VOIX.

Ah! tu refuses de te déranger pour un ascète qui n'est riche que d'austérités! Eh bien donc!...

> Toi qui fermes l'oreille à la voix de ton hôte
> Pour ne penser qu'à ton amant,
> M'entends-tu cette fois? Je te maudis! Ta faute
> Aura bientôt son châtiment.
> Ton roi va t'oublier : votre union secrète
> Sortira de son souvenir
> Comme un conte écouté d'une oreille distraite,
> Et c'est lui qui doit te punir!

(*Les deux amies, en l'entendant, restent consternées.*)

PRIYAMVADA.

Malheur à nous! ce que je craignais est arrivé : notre amie est restée perdue dans ses rêveries; elle a offensé quelque hôte vénérable.

ANOUSOUYA, *regardant devant elle.*

Plus vénérable que tu ne crois. C'est Dourvâsas, le plus austère et le plus irascible des religieux. Il s'en retourne à grands pas.

PRIYAMVADA.

C'est un feu dévorant : il la brûlera. Va donc, jette-toi à ses pieds ; ramène-le. Je vais chercher l'eau et tout préparer pour le recevoir.

ANOUSOUYA.

J'y cours. (*Elle sort.*)

PRIYAMVADA. (*Elle fait un pas et trébuche.*)

L'émotion m'a fait trébucher, et la corbeille est renversée. (*Elle ramasse les fleurs.*)

ANOUSOUYA, *revenant.*

Ma chère, j'ai cru voir la colère incarnée. Qui se flatterait de l'apaiser? Cependant il m'a montré quelque pitié.

PRIYAMVADA.

C'est beaucoup pour lui. Parle vite.

ANOUSOUYA.

Il m'a été impossible de le faire revenir sur ses pas. Alors je me suis jetée à ses pieds, et je lui ai dit : « Bienheureux, tu sais le respect que ta fille « a pour toi. Aujourd'hui elle n'a pas connu la pré- « sence de Ta Sainteté ; c'est sa première offense : « pardonne-lui. »

PRIYAMVADA.

Après?

ANOUSOUYA.

Voici ce qu'il m'a répondu : « Je ne puis repren- « dre mes paroles ; mais je consens que l'effet de la

« malédiction cesse à la vue d'un anneau de recon-
« naissance. » Et il a disparu.

PRIYAMVADA.

Alors nous pouvons être tranquilles. Le roi, en
partant, a lui-même passé au doigt de Sacountalâ
l'anneau qui porte son nom, et il lui a dit : « Sou-
viens-toi. » Ainsi elle a déjà sur elle le préservatif
qui la sauvera de la malédiction.

ANOUSOUYA.

Viens donc ! allons porter notre offrande aux
dieux. (*Elles font quelques pas.*)

PRIYAMVADA, *après avoir regardé.*

Vois, Anousouyâ : notre amie est là, immobile,
la joue appuyée sur sa main gauche ; on dirait une
peinture. Elle ne pense qu'à lui, et elle s'oublie
elle-même : comment aurait-elle pris garde à un
étranger ?

ANOUSOUYA.

Priyamvadâ, il faut que la malédiction reste un
secret entre nous deux : le cœur de notre amie est
sensible ; épargnons-lui ce coup.

PRIYAMVADA.

Sans doute ; ce n'est pas avec de l'eau brûlante
qu'on arrose le jasmin en fleur.

DEUXIÈME PARTIE

On voit entrer un disciple de Cannva. Il vient
de se réveiller.

LE DISCIPLE.

Cannva est revenu de Prabhâsa. Il m'a chargé
d'aller regarder l'heure : je sors pour voir si la nuit
touche à sa fin. (*Il fait quelques pas et regarde.*)
Mais il fait grand jour.

> *Au levant, le soleil apparaît dans sa gloire,*
> *Et la lune au couchant va cacher sa pâleur.*
> *C'est le destin : naissance et mort, chute et victoire !*
> *Le monde est ainsi fait. Tout n'est qu'heur et malheur !*

> *La fleur du nymphéa s'est déjà refermée :*
> *Ah ! c'est qu'à l'horizon l'astre des nuits descend*
> *Ainsi la pâle bien-aimée*
> *Se recueille et pense à l'absent.*

ANOUSOUYA, *entrant, à part.*

Hélas! Sacountalâ ignorait la vie : le roi a bien
pu la tromper.

LE DISCIPLE.

Je vais dire à mon maître qu'il est l'heure du
sacrifice. (*Il sort.*)

———

ANOUSOUYA.

Je me suis levée avec l'aurore; mais je ne sais
ce que je vais entreprendre : mes mains refusent
aujourd'hui d'accomplir leur tâche matinale. La
cruauté de l'amour doit être satisfaite : il a livré le
cœur pur de mon amie à un infidèle. Mais non,
le sage roi n'est pas coupable; c'est la malédiction de Dourvâsas qui suit son cours. Comment expliquer autrement que Douchanta, après
ses promesses, n'ait plus donné signe de vie?
(*Après réflexion.*) Il faut que je lui envoie l'anneau
de reconnaissance. Mais qui se chargera de le lui
porter? Le cœur des ermites est insensible : il ne
connaît plus la douleur. Nous voudrions dire nous-
mêmes au vénérable Cannva que le roi Douchanta
l'a épousée et qu'elle est grosse; mais nous n'o-
sons pas : c'est elle qu'il condamnerait. Que faire?

PRIYAMVADA, *entrant.*

Vite, Anousouyâ, il faut tout préparer pour le
départ de Sacountalâ.

ANOUSOUYA, *avec étonnement.*

Que dis-tu là ?

PRIYAMVADA.

Écoute. Je viens d'aller lui faire ma visite du
matin.

ANOUSOUYA.

Eh bien?

Sacountalâ. 11

PRIYAMVADA.

Le vénérable Cannva était là ; il l'embrassait, et elle baissait les yeux pendant qu'il lui disait : « Mon « enfant, je te félicite. Le sacrificateur avait les « yeux aveuglés par la fumée ; il a laissé échapper « l'offrande, et elle est tombée d'elle-même dans « le feu sacré. Quand un disciple intelligent prend « au maître sa science, le maître n'a pas lieu de se « plaindre. Ainsi je dois t'abandonner sans regret. « Aujourd'hui même je te confierai à deux ascètes « pour qu'ils te conduisent chez ton époux. »

ANOUSOUYA.

Mais qui donc avait instruit Cannva ?

PRIYAMVADA.

Une voix mystérieuse et rythmée, qu'il a entendue en entrant dans le sanctuaire du feu sacré.

ANOUSOUYA, *étonnée.*

Et qui disait ?

PRIYAMVADA.

Écoute.

« *Prêtre, ta fille est reine, et son sein maternel*
« *Porte un fils dont la gloire éblouira la terre.*
« *Ainsi le feu divin, conçu dans le mystère,*
« *Sort du rameau sacré pour embraser l'autel.* »

ANOUSOUYA, *embrassant Priyamvadâ.*

Ah ! quelle heureuse nouvelle ! Mais Sacountalâ va partir : je ne sais plus si je dois me réjouir ou m'affliger.

PRIYAMVADA.

Nous nous consolerons si nous pouvons; en attendant, notre amie va être heureuse.

ANOUSOUYA.

J'ai justement, dans cette boîte de coco qui est pendue à la branche du manguier, le pollen dont nous avons besoin pour la cérémonie du départ. Je l'y conservais à cette intention. Enveloppe-le dans des feuilles de lotus. Pendant ce temps-là, je mêlerai le gorotchana [1] avec les brins d'herbe dourvâ et l'argile rapportée des bains sacrés : c'est l'onguent qui porte bonheur. (*Priyamvadâ fait ce dont Anousouyâ l'a chargée. Anousouyâ sort.*)

VOIX *derrière la scène.*

Gautamî, faites appeler Sârngarava et Sâradvata, et dites-leur de se préparer à conduire Sacountalâ.

PRIYAMVADA, *prêtant l'oreille.*

Anousouyâ, dépêche-toi : on appelle déjà les religieux qui vont partir avec elle pour Hastinâpoura.

ANOUSOUYA. (*Elle rentre avec l'onguent dans les mains.*)

Viens, partons. (*Elles font quelques pas.*)

PRIYAMVADA, *regardant devant elle.*

Voilà Sacountalâ. Elle a fait ses ablutions dès

---

1. Sorte de couleur jaune.

l'aube. Les religieuses la saluent et lui offrent des gâteaux de riz sauvage. Avançons. (*Elles s'appro-chent.*)

On voit paraître Sacountalâ, entourée des religieuses et Gautamî.

SACOUNTALA.

Bienheureuses, je vous salue.

GAUTAMI.

Puisses-tu, ma fille, recevoir le titre de reine en témoignage de l'estime de ton époux !

LES RELIGIEUSES.

Mon enfant, puisses-tu mettre au monde un héros ! (*Elles sortent toutes, à l'exception de Gau-tamî.*)

LES DEUX AMIES, *s'approchant.*

Bonjour, chère amie

SACOUNTALA.

Salut à mes bien-aimées ! Asseyez-vous ici.

LES DEUX AMIES, *s'asseyant.*

Et toi, reste debout : nous allons te faire l'onc-tion qui porte bonheur.

SACOUNTALA.

Vous m'avez bien souvent parée ; mais aujour-d'hui vos soins doivent m'être doublement chers : c'est la dernière fois que je les reçois. (*Elle pleure.*)

Les deux Amies.

Ma chérie, c'est la cérémonie qui porte bonheur : il ne faut pas la troubler par des larmes.
(*Elles essuient ses pleurs et continuent sa toilette.*)

Priyamvada.

Ta beauté est digne des plus riches ornements,
et nous n'avons là que les parures ordinaires des
ermitages : elles lui feront injure. (*On voit un jeune
ermite portant des parures.*)

Harita, *entrant.*

Voilà des ornements de toute sorte : vous pouvez la parer. (*Toutes regardent avec étonnement.*)

Gautami.

Hârîta, mon enfant, d'où vient tout cela ?

Harita.

Du pouvoir merveilleux de Cannva.

Gautami.

Est-ce une création de sa volonté toute-puissante ?

Harita.

Non. Écoutez. Il nous a dit de cueillir pour
Sacountalà les fleurs de l'ermitage. Alors...

> *Nous ployons les branches : l'une*
> *Nous tend ce tissu de lin*
> *Pâle et beau comme la lune*
>   *Dans son plein.*
> *Une essence très subtile*
> *Coule de l'autre : voyez*
> *Quels parfums l'arbre distille*
>   *Sur ses pieds !*

Puis l'écorce qui recouvre
Les nymphes de ces beaux lieux
Tout à coup gémit et s'ouvre
Sous nos yeux :
De petites mains vermeilles
Sortent des bourgeons étroits,
Et nous trouvons ces merveilles
Dans leurs doigts.

PRIYAMVADA, *regardant Sacountalâ.*

C'est aussi du creux d'un arbre que sort l'abeille, et elle va droit à la fleur du lotus.

GAUTAMI.

Les arbres lui envoient déjà leur hommage : c'est l'annonce des honneurs qui l'attendent dans le palais de son époux. (*Sacountalâ baisse les yeux.*)

HARITA.

Le vénérable Cannva est descendu au bord de la Mâlinî pour y faire ses ablutions : je vais lui annoncer ce que la forêt a fait pour elle. (*Il sort.*)

ANOUSOUYA.

Chère amie, nous n'avons jamais touché de telles parures : nous ne saurons pas nous en servir. (*Réfléchissant et regardant.*) Cependant nous nous rappellerons ce que nous avons vu en peinture, et nous tâcherons de te faire belle.

SACOUNTALA.

Je sais comme vous êtes habiles. (*Les deux amies*

la parent. On voit paraître Cannva revenant du
bain.)

CANNVA.

Elle va me quitter pour la première fois :
Je suis touché jusqu'à la moelle !
Les pleurs que je retiens débordent dans ma voix ;
Je sens mon regard qui se voile.
Moi, l'habitant des bois, moi, l'ermite rêveur,
Je ne puis maîtriser mes larmes :
Combien doivent souffrir des mondains sans ferveur
Qu'un tel chagrin trouve sans armes !

(Il fait quelques pas.)

LES DEUX AMIES.

Chère Sacountalâ, voilà tous les bijoux posés.
Maintenant passe cette tunique, et enveloppe-toi
de ce voile brodé. *(Sacountalâ se lève et passe les*
deux vêtements.)

GAUTAMI.

Mon enfant, voici ton père ; il te couve des
yeux et verse de douces larmes. Va au-devant de
lui. *(Sacountalâ salue Cannva avec respect.)*

CANNVA.

Ma fille !

Yayâti vénérait la reine Sarmichthâ :
Qu'ainsi toujours le roi Douchanta te vénère !
Et que le noble enfant dont tu dois être mère
Ressemble au fils qu'elle porta !

GAUTAMI.

La parole de ton père n'est pas seulement un vœu, c'est une promesse [1].

CANNVA.

Ma fille, il faut maintenant faire le tour des feux sacrés où l'offrande vient d'être versée. (*Tous se mettent en marche.*)

> *Vois-tu les trois feux ondoyer ?*
> *Sur l'autel fait de saintes gerbes*
> *Le prêtre a disposé les herbes*
> *Pour enclore chaque foyer ;*
> *L'offrande a parfumé la flamme :*
> *Puissent ces feux te protéger,*
> *Garder ton corps de tout danger,*
> *Et donner la paix à ton âme !*

(*Sacountalâ fait le tour des feux.*) Ma fille, arrête-toi un instant. (*Jetant un regard de côté.*) Sârnga-rava, Sâradvata, où êtes-vous? (*On voit entrer deux disciples de Cannva.*)

LES DEUX DISCIPLES.

Bienheureux, nous voici.

CANNVA.

Sârngarava, mon fils, montre le chemin à ta sœur.

SARNGARAVA.

Veuillez me suivre, Sacountalâ. (*Tous continuent de marcher en avant.*)

---

1. A cause du pouvoir surnaturel qu'il doit à ses austérités.

CANNVA.

Et vous, arbres de l'ermitage, habités par les
divinités des bois, vous la connaissez tous :

Jamais Sacountalá n'a goûté d'une eau pure,
Sans que sa main d'enfant vous ait désaltérés;
Que de fois sa beauté se priva de parure
Pour épargner vos fronts sacrés !
La saison de vos fleurs était sa seule joie :
Élevez dans les airs un adieu triste et doux,
Et bénissez ma fille à l'heure où je l'envoie
Au palais du roi, son époux !

SARNGARAVA, *entendant le chant d'un oiseau.*

Maître, un chant commence : écoute !
C'est la voix du Cokila [1].
Le bois te répond sans doute :
Tous ceux qui l'aiment sont là !

VOIX DES DIVINITÉS DES ARBRES.

Sur ta route, enfant, que l'étang verdisse
Et cache ses eaux sous les lotus bleus !
Pour toi, le soleil éteindra ses feux,
L'arbre épaissira son ombre propice;
Sous tes pas, les fleurs feront voltiger
Leur pollen qui monte en poudre odorante.
Pars ! et sens déjà la brise expirante
Caresser ton sein d'un souffle léger.

(*Tous écoutent avec étonnement.*)

GAUTAMI

Mon enfant, ce sont les divinités des bois qui

---

1. Coucou indien, le *rossignol* des poètes de l'Inde.

t'aiment comme leur fille et qui t'envoient leur
adieu : incline-toi devant elles.

SACOUNTALA, *après s'être inclinée, bas à Priyamvadâ.*

Priyamvadâ, je brûle de revoir mon époux, et
pourtant, au moment de quitter l'ermitage, mes
pieds refusent de me porter.

PRIYAMVADA.

Tu n'es pas seule à souffrir de cette séparation :
la forêt tout entière est en deuil.

SACOUNTALA, *faisant le geste du souvenir.*

Mon père, il faut que je dise adieu à ma sœur
la liane Mâdhavî.

CANNVA.

Je connais ta tendresse pour elle : la voici à ta
droite.

SACOUNTALA, *s'approchant et embrassant la liane.*

Liane Mâdhavî, reçois-moi dans tes bras fleuris.
Je vais maintenant vivre loin de toi... Mon père,
vous l'aimerez comme vous m'avez aimée.

CANNVA.

Oui, chère enfant. Maintenant reprends ta route.

SACOUNTALA, *s'approchant de ses amies.*

Je vous la recommande aussi.

LES DEUX AMIES.

Et nous, à qui nous recommanderas-tu ? (*Elles
pleurent.*)

CANNVA.

Anousouyâ, Priyamvadâ, retenez vos larmes.

Ne serait-ce pas à vous de donner du courage à Sacountalâ? (*Ils se remettent tous en route.*)

SACOUNTALA. (*Elle se trouve arrêtée tout à coup.*)

Qui est-ce qui met le pied sur le bord de mon voile? (*Elle se retourne et regarde.*)

CANNVA.

C'est le petit faon qui vient prendre
Dans ta main le gazon des bois.
Je me rappelle qu'une fois
L'herbe blessa sa bouche tendre :
Mais tu l'eus bien vite guéri
Avec l'huile des saints ermites.
Tu l'appelais ton fils chéri !
Il ne veut pas que tu nous quittes.

SACOUNTALA.

Pauvre petit, je pars, et tu veux me retenir. Tu venais de naître quand tu as perdu ta mère. C'est moi qui t'ai élevé. Tu ne m'auras plus maintenant; mais mon père prendra soin de toi. Retourne, laisse-moi partir. (*Elle part en pleurant.*)

CANNVA.

Ne pleure pas, enfant. Du courage!

SARNGARAVA.

Bienheureux, l'usage est d'accompagner ceux qu'on aime jusqu'à la première eau qu'on trouve sur son chemin. Nous voici arrivés au bord d'un étang : donne-nous tes ordres et retourne sur tes pas.

CANNVA.

Asseyons-nous à l'ombre de ce figuier. (*Ils s'assoient.*) Quelles recommandations ferez-vous de ma part au roi Douchanta? (*Il réfléchit.*) Sârngarava, tu lui présenteras Sacountalâ, et tu lui diras en mon nom :

« *Songe à Cannva l'ermite et songe à ta famille,*
　「 *Dont l'honneur repose sur toi.*
« *Rappelle-toi l'amour que t'a montré ma fille*
　「 *Au cœur ardent et plein de foi.*
« *Qu'elle ait dans ton palais même rang, même empire*
　「 *Que tes femmes à l'air hautain !*
« *Quant au bonheur, d'avance on ne peut rien en dire :*
　「 *Il faut laisser faire au destin.* »

SARNGARAVA.

J'ai compris ta pensée.

CANNVA, *regardant Sacountalâ.*

Ma fille, je vais te donner mes derniers conseils : quoique j'aie toujours habité les bois, je connais le monde.

SARNGARAVA.

Rien n'est inconnu aux sages.

CANNVA.

Tu vas entrer dans la demeure de ton époux...

Écoute les anciens; accepte leur tutelle.
Dans le brillant harem t'attend plus d'une sœur :
Sois leur amie ! Et si ton époux te querelle,
Garde de t'irriter : réponds avec douceur.
Surtout n'afflige pas tes serviteurs; sois bonne :

La grandeur ne doit pas égarer ta raison.
Voilà le droit chemin : celle qui l'abandonne
Est l'opprobre de sa maison.

Qu'en pense Gautamî?

GAUTAMI.

C'est là le devoir d'une femme. (*A Sacountalâ.*)
Mon enfant, ne l'oublie jamais.

CANNVA.

Allons, ma fille, embrasse-moi et dis adieu à
tes compagnes.

SACOUNTALA.

Mon père, elles vont donc me quitter déjà?

CANNVA.

Je dois les garder pour les donner un jour à leurs
époux : elles ne peuvent pas te suivre; mais Gautamî t'accompagnera.

SACOUNTALA, *se jetant dans les bras de son père.*

Je suis arrachée des bras de mon père comme la
liane du santal est déracinée et emportée loin du
mont Malaya [1]. Comment pourrai-je vivre loin de
ma patrie? (*Elle pleure.*)

CANNVA.

Ma fille, sois forte.

Les soins de ta maison, les honneurs de la cour,
Ta dignité de souveraine,
Tous les graves devoirs qu'à chaque heure du jour

---

1. Montagne de la côte de Malabar.

T'imposera ton nom de reine,
Enfin le noble fils qui doit naître de toi
Comme le soleil de l'aurore,
Tout te consolera de vivre loin de moi,
Si le passé t'est cher encore !

SACOUNTALA, *tombant à ses pieds.*

Adieu, mon père : je vous salue une dernière fois.

CANNVA.

Ma fille, sois heureuse autant que ton père le désire.

SACOUNTALA, *courant à ses amies.*

Mes chères compagnes, embrassez-moi,... toutes les deux ensemble.

LES DEUX AMIES, *l'embrassant.*

Ma chérie, si le roi tardait à te reconnaître,... montre-lui l'anneau qui porte son nom.

SACOUNTALA.

Que voulez-vous dire? Vous me faites trembler.

LES DEUX AMIES.

Non, ne crains rien : l'amitié est sujette aux inquiétudes folles.

SARNGARAVA, *regardant le ciel.*

Bienheureux, le soleil est au milieu de sa course. — Sacountalâ, il faut nous hâter.

SACOUNTALA, *tenant encore une fois son père embrassé.*

Mon père, reverrai-je jamais l'ermitage?

CANNVA.

Oui, ma fille.

Sois longtemps la compagne et la sœur de la Terre,
Première épouse de ton roi !
Donne aux Pourous un fils dont le lourd cimeterre
Glacera l'ennemi d'effroi.
Son père, un jour, voudra laisser à son épaule
L'accablant fardeau du pouvoir :
Pour songer au salut, vous changerez de rôle,
Tous deux vous viendrez nous revoir.

GAUTAMI.

Mon enfant, le temps presse : il faut partir.
Engage ton père à retourner sur ses pas. — Mais il
ne s'y décidera jamais de lui-même : je vais lui parler. (*A Cannva.*) Allons, retirez-vous.

CANNVA.

Ma fille, je manque aux devoirs qui m'appel-
lent dans l'ermitage

SACOUNTALA.

Ces devoirs vont vous distraire et vous consoler;
moi, j'emporte avec moi ma douleur.

CANNVA.

Ah! me crois-tu donc insensible?

Ce riz que tu jetais aux oiseaux de ces bois,
Je le verrai germer, j'en suivrai la croissance :
Tout me rappellera l'image d'autrefois !
Tout parlera de ton absence !

Va, et que ton voyage soit béni! (*Sacountalâ*
sort avec Gautamî, Sârngarava et Sâradvata.)

LES DEUX AMIES, *après l'avoir longtemps regardée,*
douloureusement.

Malheur à nous! Sacountalâ a disparu derrière
les arbres.

CANNVA.

Anousouyâ, Priyamvadâ, votre compagne est
partie : contenez votre douleur et suivez-moi. (*Ils*
reviennent tous les trois sur leurs pas.)

LES DEUX AMIES.

Mon père, l'ermitage est désert : Sacountalâ n'y
est plus.

CANNVA.

L'amitié vous le fait voir ainsi. (*Il marche plongé*
dans ses réflexions.) Sentiment étrange! je perds
Sacountalâ, et pourtant la paix est dans mon âme.
Ah! je sais pourquoi.

Nos filles sont des biens qui ne sont pas à nous :
Ce dépôt précieux dont le père a la garde,
S'il connaît comme moi son devoir, il lui tarde
De le remettre intact dans les mains d'un époux.

ACTE V

L'AFFRONT

On voit paraître le chambellan.

LE CHAMBELLAN, *avec un soupir.*
Ah! que la vieillesse est pesante!

Ce bâton de bambou, que portent comme insigne,
Dans le harem, les chambellans,
Est un appui pour moi : la vieillesse maligne
Alourdit mes pas chancelants.

Le roi est au palais : j'ai à lui faire une commu-
nication pressante. (*Il fait quelques pas et s'arrête.*)
Qu'est-ce que c'est déjà? (*Après réflexion.*) Ah! oui,
je me souviens : des religieux, des disciples de
Cannva demandent une audience. Ce que c'est que
de nous!

La lampe qui s'éteint fume,
Se rallume ;...
Mais c'est un éclair qui fuit!

Tel, mon esprit qui sommeille
　　　Se réveille,
Puis se rendort dans la nuit.

(*Il se remet en marche. Regardant devant lui.*)
Mais voici le roi.

Il a jugé son peuple et montré le devoir,
　　Comme un père, à la multitude.
Sa tâche est faite; il vient oublier son pouvoir,
　　Loin du bruit, dans la solitude.
Ainsi l'éléphant roi qui guide ses troupeaux
　　Souffre le soleil sans se plaindre,
Puis cherche dans les bois un lit pour le repos,
　　Que nul rayon ne puisse atteindre.

Le roi descend à peine de son tribunal : est-ce
le moment de lui annoncer que les disciples de
Cannva demandent à le voir? Mais les maîtres du
monde ne connaissent pas le repos.

Le soleil n'arrête jamais
L'attelage ardent qui le traîne;
Vent ou brise, brûlant ou frais,
L'air souffle sans reprendre haleine.
Sécha[1] *demain comme aujourd'hui*
Doit nous soutenir sur l'abîme :
Tel le bras royal est l'appui
Du peuple que charge la cime.

(*Il fait encore quelques pas.*)

---

1. Serpent mythique qui porte la terre.

On voit paraître le roi. Près de lui est Mâdhavya.
Derrière lui, ses officiers chacun à son rang.

LE ROI. (*Son attitude trahit la fatigue.*)

Les autres hommes sont heureux quand ils sont
arrivés au terme de leurs désirs : pour un roi, l'avè-
nement au trône est le commencement des peines.

Les plus brillants honneurs sont bien vite obscurcis :
    L'ambition s'apaise ;
Mais avec le pouvoir s'en viennent les soucis,
    Et l'on sent ce qu'il pèse !
Souvent on voit fléchir sous le royal bandeau
    La tête la plus forte ;
Le parasol est moins un abri qu'un fardeau
    Pour celui qui le porte.

VOIX DES POÈTES DE COUR *derrière la scène.*

Gloire au roi !

PREMIER POÈTE.

Notre bien est ton seul souci :
    Tu vas,... rien ne t'arrête.
Nature de roi, c'est ainsi
    Que le Seigneur t'a faite.
Arbre, tu portes sur ta tête
    Le ciel de feu :
Si grand que soit notre nombre,
Nous reposons sous ton ombre ;
Pour toi la peine est un jeu.

Deuxième Poète.

D'un geste tu calmes les haines ;
Tu rends ton peuple humain.
S'il s'égare, tu le ramènes
D'un mot dans le chemin.
On voit le riche ouvrir la main
A la détresse :
Mais ses bienfaits sont comptés.
Toi, tu répands tes bontés
Sur tous comme une caresse.

Le Roi, *après les avoir entendus.*

Au sortir de l'audience, j'étais accablé de fatigue ; mais la voix de mes poètes m'a ranimé comme par enchantement.

Madhavya.

Le taureau est comme toi : il oublie sa peine quand on lui dit : « Bravo, mâle du troupeau ! »

Le Roi, *souriant.*

Asseyons-nous. (*Tous deux s'assoient ; les autres personnages restent debout, chacun à sa place. On entend derrière la scène le son d'un luth.*)

Madhavya, *écoutant.*

Cher ami, entends-tu ce luth dans la salle de concerts ? Il est pincé par des doigts savants ; c'est la reine Vasoumatî qui s'exerce.

Le Roi.

Tais-toi ; laisse-moi écouter.

Le Chambellan, *regardant le roi.*

Le roi est occupé ; j'attendrai. (*Il se tient dans un coin.*)

CHANSON *derrière la scène.*

Pourquoi vas-tu de corolle en corolle,
Abeille folle,
Sans revenir ?
N'auras-tu pas pour la fleur abusée
Qui t'a grisée
Un souvenir ?

LE ROI.

Voilà un chant bien passionné.

MADHAVYA.

Mais dis-moi, cher ami, as-tu bien compris le
sens des paroles ?

LE ROI, *souriant.*

C'est la plainte d'une amante fidèle. Apparem-
ment la reine Vasoumatî a quelque reproche à me
faire. Ami Mâdhavya, va lui présenter mes excuses.

MADHAVYA.

A tes ordres. (*Il se lève.*) C'est-à-dire,... un instant ! Tu m'envoies à ta place prendre l'ours par la
queue : quand elle me tiendra dans ses griffes, plus
d'espoir de salut ; je serai comme le dévot qui reste
attaché au monde.

LE ROI.

Va donc ! Tu n'as qu'à t'y prendre poliment,
elle t'écoutera.

MADHAVYA.

Allons ! il faut y passer. (*Il sort.*)

LE ROI, *à part.*

C'est étrange ! mon cœur est libre, et cepen-

dant, quand j'ai entendu cette chanson, je suis
devenu mélancolique comme si j'étais séparé d'un
être aimé. Ah! j'en devine la cause.

> Souvent un bel objet, un chant plaintif ou tendre
>   Fait rêver,
> Et, troublé dans sa paix, le cœur cherche à comprendre...
>   Sans trouver.
> Mais nous avons aimé dans une autre existence,
>   Et pleuré :
> L'instinct vague et charmant de la ressouvenance
>   Est sacré.

(Il cherche inutilement à rappeler ses souvenirs.)

LE CHAMBELLAN, *s'approchant.*

Gloire au roi! Des religieux viennent d'arriver
des forêts qui bordent l'Himâlaya ; ils t'apportent
un message de Cannva ; deux femmes les accom-
pagnent : daigneras-tu les recevoir ?

LE ROI, *avec étonnement.*

Comment! des religieux porteurs d'un message
de Cannva? et deux femmes avec eux?

LE CHAMBELLAN.

Oui, Sire.

LE ROI.

Va dire en mon nom à mon chapelain Somarâta
de rendre aux ermites les honneurs prescrits par la
sainte loi, et de les introduire ; je vais me rendre
dans la salle réservée à la réception des religieux.

LE CHAMBELLAN.

Tes ordres seront exécutés. (*Il sort.*)

LE ROI, *se levant.*

Vétravatî[1], précède-moi : nous allons au sanctuaire du feu domestique.

VÉTRAVATI.

Veuillez me suivre. (*Ils se rendent dans le sanctuaire.*)

VÉTRAVATI.

Maître, voici la terrasse du sanctuaire ; elle vient d'être purifiée ; la vache est à sa place, prête à donner son lait pour les offrandes : veuillez monter.

LE ROI.

(*Il gravit la terrasse avec respect, et se tient debout, appuyé sur l'épaule d'un de ses officiers.*)

Vétravatî, quel peut être le message dont Cannva a chargé ces religieux ?

> *Les démons conjurés contre les ermitages*
> *Infestent-ils leurs bois épais ?*
> *Les daims nés à l'abri de leurs pieux ombrages*
> *N'y ruminent-ils plus en paix ?*
> *Peut-être, avant le temps, l'essor des fleurs s'arrête,*
> *Et les bourgeons restent cachés :*
> *L'ermite, au fond des bois, souffre, et c'est sur sa tête*
> *Que le sort punit mes péchés.*

---

1. C'est la gardienne des portes : elle précède toujours le roi pour les lui ouvrir.

VÉTRAVATI.

Non, Roi, les ermitages sont tranquilles ; la renommée de votre bras suffit pour y maintenir la paix : les religieux ne peuvent venir que pour vous présenter leurs hommages et leurs actions de grâces.

On voit paraître les deux disciples de Cannva et Gautami, conduisant Sacountalâ. Ils sont précédés du chapelain et du chambellan.

LE CHAMBELLAN.

Suivez-moi.

SARNGARAVA.

Ami Sâradvata,

Je sais que ce palais est la demeure auguste
D'un roi digne du rang où Brahma l'a placé :
Il fait régner la loi ; sa main puissante et juste
Maintient un peuple entier dans le chemin tracé.
Mais, étonné du bruit, perdu dans cette foule,
Moi, fils d'un ermitage et fidèle à mon vœu,
Je frémis,... et je crains que ce toit ne s'écroule
Car la maison me semble en feu.

SARADVATA.

Sârngarava, je comprends ton trouble au milieu de la ville immense ; moi-même je me dis :

Je suis pur, et la vie en ces lieux est souillée ;
Je-veille, et devant moi ce peuple est endormi ;
Je suis libre : voici la prison verrouillée ;
Le monde est pour l'ermite un mortel ennemi !

LE CHAPELAIN.

Ce sont de tels sentiments qui font la grandeur de vos pareils.

SACOUNTALA. (*Elle sent un mouvement involontaire de l'œil droit¹.*)

Ah! je sens un présage funeste.

GAUTAMI.

Écartons-le, ma fille. Que le danger se détourne de toi! (*Ils s'avancent.*)

LE CHAPELAIN, *désignant le roi.*

Ermites, voici le protecteur des laïques et des religieux. Il vient à peine de quitter son tribunal, et pourtant il daigne vous recevoir.

SARNGARAVA.

Sa conduite mérite des éloges, mais elle ne nous étonne pas.

L'arbre se penche vers la terre,
Courbé sous le poids des fruits mûrs ;
Le ciel, chargé d'eau salutaire,
S'affaisse en nuages obscurs ;
Quand la fortune surabonde,
L'homme de bien baisse les yeux :
Les vit-on jamais orgueilleux,
Ceux qui font le bonheur du monde ?

VÉTRAVATI.

Roi, les ermites ont le visage serein : ils ne viennent pas pour se plaindre.

---

1. C'est un présage funeste pour une femme.

LE ROI, *regardant Sacountalâ.*

Quelle est donc cette femme? A peine la voit-on
Sous son voile, et pourtant sa beauté se devine :
Elle est au milieu d'eux comme un tendre bouton
Parmi des broussailles d'épine.

VÉTRAVATI.

Maître, elle paraît bien belle.

LE ROI.

Oui ; mais je ne dois pas regarder la femme
d'autrui.

SACOUNTALA, *mettant la main sur son cœur, à part.*

O mon cœur! pourquoi trembles-tu? N'ai-je pas
le plus tendre des époux? Sois sans crainte.

LE CHAPELAIN, *s'avançant.*

Salut au roi! Roi, j'ai rendu aux ermites les honneurs prescrits. L'un d'eux t'apporte un message
de son maître : daigne l'entendre.

LE ROI, *respectueusement.*

J'écoute.

LES DEUX DISCIPLES, *levant la main.*

Gloire au roi!

LE ROI, *s'inclinant.*

Salut à vous tous !

LES DEUX DISCIPLES.

Salut !

LE ROI.

Votre piété prospère-t-elle ?

Les deux Disciples.

Roi protecteur des bons, n'es-tu pas notre père?
Qui donc nous toucherait quand ton bras nous défend?
Vit-on jamais la nuit, sortant de son repaire,
    Braver le soleil triomphant?

Le Roi, à part.

Alors je suis un vrai roi. (*Haut.*) Comment se
porte le bienheureux Cannva? Tous ses désirs sont-
ils satisfaits?

Sarngarava.

Roi, le bonheur des sages ne dépend que d'eux-
mêmes. Il m'a chargé de te saluer en son nom et
de te dire...

Le Roi.

Parlez.

Sarngarava.

« Ma fille s'est donnée à toi : j'approuve cette
« union. Et comment ne l'approuverais-je pas?

    « *Brahma sait que souvent on a médit de lui :*
    « *Il s'est mis cette fois à l'abri de tout blâme.*
    « *Pour prouver sa sagesse, il unit aujourd'hui*
    « *L'âme innocente au cœur que la vaillance enflamme.*

« Elle est grosse : reçois-la, et acquittez-vous
« désormais en commun de tous les devoirs pres-
« crits par la sainte loi. »

Gautami.

Gracieux seigneur, je n'ai point à prendre ici la
parole : vous savez pourquoi.

LE ROI.

Parlez, Madame.

GAUTAMI.

Vous vous êtes donnés vous-mêmes l'un à l'autre,
Et vous avez jugé les conseils superflus ;
Ses parents n'ont rien su ; cette affaire est la vôtre :
Je n'ai rien à dire de plus.

SACOUNTALA.

Que va répondre mon époux ?

LE ROI, *au comble de l'étonnement.*

Holà ! que voulez-vous dire ?

SACOUNTALA, *à part.*

Dieux ! quelle hauteur et quelle dureté dans sa parole !

SARNGARAVA.

Ce que nous voulons dire ? Ne connais-tu pas le monde et ses exigences ?

L'épouse que retient sa première famille
Excite les soupçons et les méchants propos :
Il faut, pour que le père ait l'esprit en repos,
Que l'époux soit garant de l'honneur de sa fille.

LE ROI.

Quoi ! vous dites que j'ai épousé cette femme ?

SACOUNTALA, *désespérée, à part.*

Ah ! mon cœur, tu avais raison de trembler.

SARNGARAVA.

Il sied mal à un roi de regretter un de ses actes et de fuir les devoirs qu'il impose.

LE ROI.

Vous me calomniez.

SARNGARAVA, *avec colère.*

Voilà ce qu'il faut attendre des princes qui ne savent pas porter l'ivresse du pouvoir.

LE ROI.

C'est une insulte grossière.

GAUTAMI, *à Sacountalâ.*

Ne rougis pas, ma fille, je vais lever ton voile: j'espère qu'alors ton époux te reconnaîtra. (*Elle lui lève son voile.*)

LE ROI, *regardant Sacountalâ, à part.*

Elle est belle... Et l'on voit qu'elle a donné sa fleur :
Quelle est donc cette femme?
On me dit son époux : je n'en ai, par malheur,
Nul souvenir dans l'âme.
L'abeille ne veut pas d'un calice taché,
Et pourtant s'émerveille
Devant le jasmin d'or que la pluie a touché :
Je suis comme l'abeille.

VÉTRAVATI, *à part.*

Vraiment, la vertu du roi est grande. Quel autre hésiterait en voyant une pareille beauté s'offrir volontairement à lui?

SARNGARAVA.

Eh bien! Roi, tu te tais?

LE ROI.

Ermite, plus j'interroge mes souvenirs, moins je me rappelle avoir possédé cette femme. Elle est

visiblement enceinte : je serais coupable d'adultère
si je la recevais chez moi.

SACOUNTALA, *à part.*

Malheur à moi ! il renie notre amour. La liane
de mon espérance qui montait jusqu'au ciel est
brisée et gisante à terre.

SARNGARAVA.

Réfléchis encore.

Tu séduis l'innocence et ton amour trop prompt
Ose offenser un père absent : il te pardonne.
Tu dérobais son bien : lui-même il te le donne.
Voilà sa récompense?... Un odieux affront !

SARADVATA.

Sârngarava, il est inutile de poursuivre. Sacountalâ, nous avons dit ce que nous avions à dire ; tu
as entendu le roi : réponds-lui toi-même.

SACOUNTALA, *à part.*

Son cœur a changé : l'indifférence a succédé à
tant d'amour. A quoi bon lui rappeler le passé?
Si, pourtant : mon honneur le commande, je parle-
rai. (*Haut.*) Mon époux... (*Se reprenant.*) Mais tu
me refuses le droit de te donner ce nom. Roi, est-
il digne d'un descendant de Pourou de repousser
par d'aussi dures paroles un cœur loyal qui a cru à
ta promesse et qui s'est donné à toi?

LE ROI, *se bouchant les oreilles.*

Tais-toi ! tais-toi !

Ah! tu veux m'entraîner, perfide enchanteresse!
Tu veux souiller le nom que j'ai reçu si pur :
Le vil torrent s'attaque à l'arbre qui se dresse,
Et sa fange corrompt le lac aux flots d'azur!

SACOUNTALA.

Eh bien! s'il est vrai que tu me croies la femme d'un autre, j'ai un moyen de lever tes scrupules : l'anneau que tu m'as donné.

LE ROI.

En vérité, le moyen serait excellent.

SACOUNTALA, *tâtant son doigt.*

Malheur! oh! malheur! l'anneau n'est plus à mon doigt. (*Elle jette à Gautamî un regard désespéré.*)

GAUTAMI.

Mon enfant, tu t'es arrêtée à Sacrâvatâra pour faire tes ablutions dans les bains de Satchî[1] : c'est là que tu auras perdu l'anneau.

LE ROI.

Voilà ce qui s'appelle de la présence d'esprit. On a bien raison de dire que les femmes n'en manquent jamais.

SACOUNTALA.

Dis plutôt que c'est là un coup du destin; mais j'essayerai encore de te convaincre.

LE ROI.

J'aurai donc encore à t'entendre.

---

1. Épouse du dieu Indra.

SACOUNTALA.

Ne te souviens-tu pas qu'un jour, dans le berceau de bambous, tu tenais à la main un peu d'eau dans une feuille de lotus?

LE ROI.

J'écoute.

SACOUNTALA.

A ce moment, le petit faon que j'avais adopté s'est approché; tu l'as caressé, et tu as voulu le faire boire le premier; mais il ne te connaissait pas : il a refusé de boire dans ta main. J'ai pris la feuille de lotus, et alors il s'est avancé sans crainte; cela t'a fait sourire, et tu as dit : « Le proverbe est bien « vrai : qui se ressemble s'assemble. N'êtes-vous « pas tous les deux des enfants des bois? »

LE ROI.

Enivrants mensonges! C'est à de pareils artifices que se laissent prendre les hommes sensuels.

GAUTAMI.

Grand roi, tu parles mal. Cette enfant a été élevée dans un ermitage : elle ignore ce que c'est que mentir.

LE ROI.

Vénérable mère!...

Le Cokila porte ses œufs
Dans le nid d'oiseaux plus fidèles,
Puis s'envole, laissant chez eux
Ses petits, tant qu'ils n'ont pas d'ailes.
La femelle de l'animal

Pratique d'instinct l'imposture :
Mais chez les femmes, pour le mal,
L'esprit ajoute à la nature.

SACOUNTALA, *avec colère.*

Tu es un trompeur, et tu juges tous les cœurs d'après le tien. Mais qui voudrait te ressembler? Tu fais parade de ta vertu, et tu es pareil à un puits dangereux caché sous l'herbe des prairies.

LE ROI, *à part.*

Sa colère n'est pourtant pas celle d'une courtisane : on y reconnaît une nature farouche.

Ses regards ne sont pas de galantes œillades :
Le sang gonfle ses yeux taris!
Ses mots entrecoupés, et lancés par saccades,
Sonnent dans l'air comme des cris;
Un frisson la secoue, et fait trembler sa lèvre
Plus rouge qu'un fruit empourpré :
Ses sourcils contractés, son front chargé de fièvre,
Tout révèle un cœur ulcéré!

Mais je suis trop crédule : elle a vu qu'elle ne réussissait pas, et sa colère n'est qu'un artifice de plus.

Je reste insensible à sa voix,
Au doux récit de l'aventure
Qui nous unit au fond des bois;
Je suis un ingrat, un parjure :
Le juste courroux qui l'étreint
Doit froncer son sourcil mobile!
Ce bel arc[1] ne m'a pas atteint :
Elle brise une arme inutile!

---

1. Le sourcil est comparé à l'arc de l'Amour.

(*Haut.*) Ma belle, les sujets de Douchanta connaissent leur maître; ils ne lui ont jamais reproché de déloyauté.

SACOUNTALA.

C'est bien! Ainsi je passerai maintenant pour une femme perdue, parce que j'ai eu confiance dans le sang de Pourou, et que je me suis donnée à ce roi qui a le miel sur les lèvres et une pierre à la place du cœur! (*Elle baisse son voile.*)

SARNGARAVA.

C'est le châtiment de la légèreté.

> *L'acte est prompt ; le regret doit suivre.*
> *Toujours l'imprudence a gémi.*
> *La vierge crédule se livre*
> *A son plus cruel ennemi.*

LE ROI.

Mais songez-vous, quand vous portez contre moi de telles accusations, que vous n'avez d'autre garant que sa parole?

SARNGARAVA, *avec indignation.*

Vous avez tous entendu l'attaque et la défense: soyez juges!

> *Elle n'a jamais fait du mensonge une étude*
> *Pour régner par la fraude et profaner les lois!*
> *Mais l'enfance est habile, et la débauche est prude?*
> *Croyons plutôt les rois!*

LE ROI.

Eh bien! prêtre infaillible, supposons que je sois

tel que tu dis... Je l'ai trompée, soit; quel sera
mon châtiment?

SARNGARAVA.

Ta chute.

LE ROI.

La chute d'un descendant de Pourou? Voilà qui
est peu croyable.

SARNGARAVA.

Roi, pourquoi perdre notre temps à discourir?
Nous t'avons porté le message de Cannva : nous
n'avons plus qu'à nous retirer.

L'époux est un maître; personne
N'a droit de toucher à son bien,
Qu'il le garde ou qu'il l'abandonne :
Fais ce qui te plaira du tien !

Gautamî, nous vous suivons. (*Ils se mettent en
marche.*)

SACOUNTALA.

J'ai été abusée par un trompeur; m'abandonne-
rez-vous aussi? (*Elle veut les suivre.*)

GAUTAMI, *revenant sur ses pas, et la regardant.*

Sarngarava, mon fils, Sacountalâ s'attache à nos
pas... Ses gémissements ne vous font-ils pas pitié?
Que voulez-vous que devienne l'infortunée chez
un époux cruel qui la repousse?

SARNGARAVA, *se retournant, avec colère,*
à Sacountalâ.

Cesse tes importunités. Prétends-tu donc t'appartenir[1] et suivre ta fantaisie? (*Sacountalâ tremble de frayeur.*) Écoute.

> *Ne viens pas supplier ton père : il te renie,*
> *Si ta vie est impure! Et si ton cœur t'absout,*
> *Je te dis en son nom : « Reste!... Aimée ou honnie,*
> *« Fais ton devoir, et sois fidèle jusqu'au bout! »*

Reste là ; nous partons.

LE ROI.

Dis-moi, ermite, à ton tour, pourquoi trompes-tu cette femme avec ta fausse science?

> *Les baisers du soleil épargnent la corolle*
> *Dont l'amour appartient à l'astre de la nuit :*
> *La femme du prochain est un trésor qui nuit*
> *Au libertin qui le lui vole.*

SARNGARAVA.

Et si quelque trouble étrange t'avait fait oublier le passé,... dois-tu, craignant, comme tu le dis, de te couvrir d'une souillure, t'exposer à répudier ta légitime épouse?

LE ROI, *au chapelain.*

Dites-moi ce que je dois faire.

> *Est-ce moi qui délire, ou bien elle qui ment?*
> *J'y rêve, et je m'épuise à sonder ce mystère :*
> *Mon honneur inquiet redoute également*
> *Et l'abandon coupable et l'impur adultère.*

---

1. Une honnête femme, dans l'Inde, doit toujours être dépendante; comme elle a été soumise à son père avant le mariage, elle l'est dans le veuvage à son fils aîné.

LE CHAPELAIN, *après réflexion.*

Roi, puisque tu me demandes mon avis...

LE ROI.

Éclairez-moi, Maître.

LE CHAPELAIN.

Je te proposerai de la garder dans ma demeure jusqu'à sa délivrance.

LE ROI.

Et pourquoi?

LE CHAPELAIN.

Les devins ont prédit que ton premier fils régnerait sur l'univers. Si elle met au monde un fils, et qu'il porte sur son corps les signes qui présagent la plus haute souveraineté, alors tu rendras hommage à la vertu de la mère et tu l'introduiras dans ton harem; sinon, il sera toujours temps de la renvoyer à l'ermite.

LE ROI.

Faites comme vous voudrez.

LE CHAPELAIN, *se levant.*

Ma fille, veuillez me suivre.

SACOUNTALA.

Terre auguste, ouvre-toi et cache ma honte! (*Elle part en pleurant avec le chapelain, les ascètes et Gautamî. Le roi est toujours sous l'influence de la malédiction qui lui ôte le souvenir; il pense à ce qui vient de se passer.*)

Voix *derrière la scène.*

Dieux! quel prodige!

LE ROI, *écoutant.*

Qu'y a-t-il?

LE CHAPELAIN, *entrant, dans le plus grand trouble.*

Roi, il vient d'arriver un prodige.

LE ROI.

Lequel?

LE CHAPELAIN.

Les disciples de Cannva s'éloignaient à peine...
C'était près des bains sacrés des Apsaras...

Nous marchions... Je voyais son angoisse mortelle,
Ses yeux gonflés, ses bras qui se tordaient dans l'air...

LE ROI.

Et alors?

LE CHAPELAIN.

Une forme se dresse,... ou plutôt un éclair
Brille et disparaît avec elle!

(Tous expriment par des gestes leur stupéfaction.)

LE ROI.

Maître, nous ne devions plus nous occuper de
cette affaire; pourquoi y revenir encore? Qu'il n'en
soit plus question!

LE CHAPELAIN.

Gloire au roi! *(Il sort.)*

Le Roi.

Vétravatî, je me sens fatigué; je me retire dans mon appartement : précède-moi.

Vétravati.

Veuillez me suivre.

Le Roi, *à part, tout en marchant.*

En vain je cherche au fond de ma mémoire :
Cette femme n'est rien pour moi.
Et cependant,.. je suis près de la croire :
Mon cœur bat, je ne sais pourquoi!

ACTE VI

SÉPARATION

PREMIÈRE PARTIE

On voit paraître le chef de la police et deux gardiens traînant un prisonnier qui a les mains liées derrière le dos.

LES DEUX GARDIENS, *frappant le prisonnier.*

Coquin, voleur, parle donc ! C'est l'anneau du roi. Il est tout reluisant de pierres fines, et le nom de Douchanta y est gravé. Où l'as-tu pris ?

LE PRISONNIER, *tremblant de frayeur.*

Messieurs, ayez pitié de moi : je ne suis pas un voleur.

PREMIER GARDIEN.

Tu es sans doute un saint brahmane ? Le roi t'en aura fait cadeau !

LE PRISONNIER.

Écoutez donc ! Je demeure à Sacrâvatâra, et je suis pêcheur de mon état.

DEUXIÈME GARDIEN.

Brigand, qu'est-ce que ça nous fait, ton pays et ton état?

LE CHEF.

Soutchaca, laisse-le parler ; ne l'interromps pas.

LES DEUX GARDIENS.

Bien, Maître ! — Allons, parle... Veux-tu bien parler?

LE PÊCHEUR.

Mes filets et mes hameçons, voilà le gagne-pain de ma famille.

LE CHEF, *riant.*

Il est joli votre gagne-pain [1] !

LE PÊCHEUR.

Seigneur, ne nous en faites pas un crime.

> *Mon père était pêcheur naguère ;*
> *Ce fut son métier : c'est le mien.*
> *Ai-je raison? Je n'en sais rien :*
> *Mais je fais ce qu'a fait mon père.*
> *Les dieux aiment la bonne chère :*
> *Un saint brahmane est leur boucher [2].*
> *Oserait-on lui reprocher*
> *De faire ce qu'a fait son père?*

LE CHEF.

C'est bon ! Continue.

---

1. Les pêcheurs sont de caste vile, parce qu'ils font mourir des animaux.
2. Le sacrificateur.

Le Pêcheur.

Pour lors j'avais donc pris un Rohita [1]; je le coupe en morceaux : voilà que je trouve dedans cet anneau avec toutes ses pierres fines. Dame ! je suis venu pour le vendre. Je le montrais ; vous m'avez empoigné : voilà l'histoire. Maintenant tuez-moi, hachez-moi si j'ai menti.

Le Chef, *flairant l'anneau.*

Djânouca, il n'y a pas moyen d'en douter : cet anneau a passé par le ventre d'un poisson ; il suffit de le sentir. Mais comment y était-il entré ? Allons voir au palais.

Les deux Gardiens, *au pêcheur.*

Allons, coupeur de bourses, en avant ! (*Ils se mettent en marche.*)

Le Chef.

Soutchaca, attention ! j'entre au palais ; restez à la porte jusqu'à ce que je revienne.

Les deux Gardiens.

Entrez, Maître, et soyez bien reçu.

Le Chef.

Je l'espère. (*Il sort.*)

Soutchaca.

Djânouca, il est bien longtemps.

---

1. Espèce de poisson.

DJANOUCA.

Ah! mais on ne voit pas comme ça les rois tout
de suite : il faut attendre le bon moment.

SOUTCHACA.

Djânouca, la main me démange. (*Montrant le
pêcheur.*) Tu vois ce coquin-là; j'ai une furieuse
envie de lui faire son affaire.

LE PÊCHEUR.

Seigneur, ne me faites pas mourir comme ça,...
sans savoir.

DJANOUCA, *regardant à l'intérieur.*

Ah! voilà notre chef : il apporte l'ordre du roi.
(*Au pêcheur.*) De deux choses l'une : ou tu vas
retourner prendre tes poissons [1], ou c'est nous qui
ferons une offrande de ta chair aux vautours et aux
chacals.

LE CHEF, *rentrant.*

Allons, vite! vous allez le...

LE PÊCHEUR.

Ah! je suis mort!

LE CHEF.

... le lâcher. Tu es libre, pêcheur. — Tout ce
qu'il a dit est vrai : c'est bien ainsi qu'il a dû trouver l'anneau; le roi en est persuadé.

SOUTCHACA.

On va obéir, Maître. (*Au pêcheur.*) Tu pourras

---

1. Il y a ici un jeu de mots intraduisible : les mots du
texte peuvent aussi signifier « revoir ta famille ».

bien dire que tu es revenu de l'enfer, toi. (*Il déta-che ses liens.*)

LE PÊCHEUR, *se prosternant devant le chef de la police.*

Seigneur, je vous dois la vie.

LE CHEF.

Relève-toi et prends ce bracelet : c'est le prix auquel le roi estime la valeur de la bague ; il t'en fait cadeau. (*Il tend le bracelet au pêcheur.*)

LE PÊCHEUR, *en le prenant, joyeux.*

Le roi est bien bon.

DJANOUCA.

En voilà un qui peut se vanter d'avoir de la chance : il descend du pal pour monter sur le dos de l'éléphant.

SOUTCHACA.

Peste ! la récompense est grosse. Il faut croire que les pierres de l'anneau sont bien fines pour que le roi y tienne tant !

LE CHEF.

Je ne pense pas qu'il tienne aux pierres ; je crois plutôt...

LES DEUX GARDIENS.

Quoi donc ?

LE CHEF.

Que la vue de l'anneau a rappelé au roi une personne qu'il aime. Lui qui est si grave d'ordi-naire, dès qu'il l'a aperçu, il s'est troublé.

SOUTCHACA.

Alors vous lui avez rendu un fier service?

DJANOUCA.

Et c'est l'ennemi des poissons qui a la récompense. (*Il lui fait la grimace.*)

LE PÊCHEUR.

Messieurs, je veux vous donner votre pourboire. Je vends le bracelet; la moitié du prix est pour vous.

DJANOUCA.

Ah! c'est bien, ça, pêcheur! Tu es mon meilleur ami. Viens faire plus ample connaissance devant une bouteille de rhum. Entrons au cabaret. (*Ils sortent tous.*)

DEUXIÈME PARTIE

Misrakésî paraît, traversant les airs.

MISRAKÉSI.

C'était mon tour de garde aux bains sacrés des Apsaras; me voilà relevée, et la mère de Sacountalâ m'a priée de voir ce que fait le roi. Ménacâ est ma sœur, et j'aime sa fille comme une autre moi-même. (*Elle regarde tout autour d'elle.*) Comment! c'est jour de fête, et on ne voit encore aucun préparatif dans le palais! Qu'est-ce qui se passe? Je suis déesse, et je pourrais deviner ce secret par le seul effort de ma pensée [1]; mais j'aime mieux suivre les instructions de ma chère Ménacâ et voir de mes yeux. Voilà déjà deux bouquetières : je vais me tenir à leurs côtés, enveloppée du voile qui me rend invisible, et j'apprendrai sans doute quelque chose. (*Misrakésî met pied à terre. On voit entrer une suivante : elle examine une branche de manguier. Une autre vient après elle.*)

PREMIÈRE SUIVANTE.

Ah ! voilà le printemps qui revient.

Sur la branche un bouton vert
Entr'ouvert
Laisse échapper un pli rose.
Fraîche haleine du printemps
Que j'attends,
Sors donc de la fleur éclose !

DEUXIÈME SUIVANTE.

Parabhriticâ, qu'est-ce que tu dis là toute seule?

PARABHRITICA.

Ah ! c'est Madhouricâ. Ma chère, quand Parabhriticâ voit le manguier fleurir, cela lui fait perdre la tête.

---

1. Elle aurait bien dû, ainsi que la mère de Sacountalâ, employer ce don de double vue à pénétrer aussi la véritable cause de l'égarement de Douchanta. Mais la bonhomie avec laquelle le poète semble s'accuser lui-même est faite pour désarmer la critique.

MADHOURICA, *joyeuse*.

Comment! c'est le printemps alors?

PARABHRITICA.

Sans doute, et c'est pour toi comme pour moi
la saison de la joie, de l'amour et des chansons.

MADHOURICA.

Ma chère, laisse-moi m'appuyer sur toi : je vais
me dresser sur la pointe des pieds pour cueillir cette
fleur et l'offrir au dieu de l'amour.

PARABHRITICA.

Oui, mais à une condition : c'est que j'aurai ma
part de ses bénédictions.

MADHOURICA.

Cela va sans dire. Ne sommes-nous pas une
même âme en deux corps? (*Elle s'appuie sur sa
compagne et cueille la fleur.*) Tiens! la fleur n'est
pas encore ouverte; mais le parfum s'échappe déjà
de la tige brisée. (*Elle joint les mains.*) Honneur
au dieu de l'amour!

> *Bouton près d'éclore,*
> *L'Amour, que j'implore,*
> *Règne en ce beau parc :*
> *Exquise fleurette,*
> *Sois l'arme discrète*
> *Que lance son arc!*
> *Celui qui dirige*
> *Ta légère tige*
> *Est le grand vainqueur!*
> *Odorante flèche,*

> *Va faire ta brèche :*
> *Vole, et frappe au cœur !*

(*Elle jette le bouton en l'air.*)

LE CHAMBELLAN, *entrant, avec colère.*

Que fais-tu, folle que tu es? Le roi a défendu de célébrer la fête du printemps, et tu te permets de cueillir la fleur du manguier !

LES DEUX SUIVANTES, *effrayées.*

Pardonnez-nous, nous n'en savions rien.

LE CHAMBELLAN.

Hum! est-ce bien vrai? Mais les arbres mêmes semblent le savoir : ils obéissent au roi, et leurs hôtes font comme eux. Voyez !

> *Le bouton demi-clos garde les étamines*
> *Sous son pli ;*
> *Le bourgeon, sans s'ouvrir, au bout des branches fines*
> *A molli ;*
> *L'oiseau retient les sons de sa voix enivrée*
> *Dans les bois :*
> *La flèche de l'Amour reste à demi tirée*
> *Du carquois.*

MISRAKÉSI.

Il n'y a pas de doute : la puissance du roi s'étend jusque-là.

PARABHRITICA.

Seigneur, il y a seulement quelques jours que Mitravasou, le beau-frère du roi, nous a envoyées ici pour y être bouquetières, et nous ignorons ce qui a pu s'y passer avant notre arrivée.

LE CHAMBELLAN.

Soit ! mais ne recommencez plus.

LES DEUX SUIVANTES.

Nous sommes un peu curieuses : peut-on savoir pourquoi le roi a interdit la fête du printemps?

MISRAKÉSI.

D'ordinaire les rois aiment les fêtes : il a dû avoir un motif grave.

LE CHAMBELLAN, *à part.*

Au fait, tout le monde le sait, pourquoi le leur cacherais-je? (*Haut.*) Avez-vous entendu parler de l'affront fait à Sacountalâ?

LES DEUX SUIVANTES.

Le beau-frère du roi nous a tout raconté jusqu'au moment où l'anneau a été retrouvé.

LE CHAMBELLAN.

Alors j'aurai bientôt fini. Depuis le jour où le roi s'est rappelé, en voyant l'anneau, qu'il avait épousé Sacountalâ en secret, depuis qu'il est sorti de son aveuglement, il est au désespoir de l'avoir méconnue, et le remords est entré dans son âme.

Il se cache à son peuple; il vit sombre et farouche.
Le plaisir est pour lui sans attrait, et, la nuit,
Il se tourne sans fin sur le bord de sa couche,
 Cherchant le sommeil qui le fuit.
S'il rencontre une femme, à peine s'il s'arrête :
Un salut glacial est tout ce qu'elle obtient;
Ou s'il veut la nommer, un autre nom lui vient,
 Et de honte il baisse la tête.

Sacountalâ.   17

MISRAKÉSI.

Ah ! je suis contente de cela.

LE CHAMBELLAN.

Voilà pourquoi il a interdit la fête du printemps.

LES DEUX SUIVANTES.

Cela se comprend.

VOIX *derrière la scène.*

Sire, veuillez me suivre.

LE CHAMBELLAN, *prêtant l'oreille.*

Ah ! voici le roi. Allez à vos affaires. (*Elles sortent. On voit entrer le roi, accompagné de Mâdhavya et de Vétravatî. — Regardant le roi.*) Rien ne peut obscurcir l'éclat d'une beauté comme la sienne : la tristesse lui a laissé sa grâce majestueuse.

> *Plus de repos ! Ses nuits sont des veilles sans trêve*
> *Il n'a pour tout bijou qu'un seul bracelet d'or*
> *Sur son bras amaigri : c'est pour lui trop encor ;*
> *Sa lèvre, qu'il torture, a perdu toute sève ;*
> *L'insomnie et les pleurs gonflent ses yeux flétris ;*
> *Rien ne voile pourtant l'éclat qui l'environne :*
> *Lorsque l'orfèvre taille une pierre de prix,*
> *Elle perd en grosseur, mais sa flamme rayonne !*

MISRAKÉSI, *regardant le roi.*

Je comprends maintenant pourquoi, après avoir subi ses mépris, Sacountalâ l'aime encore.

Le Roi. (*Il est rêveur et s'avance lentement.*)

Lâche cœur! tu dormais!... Sa voix enchanteresse
T'appelait sans pouvoir te tirer du sommeil!
Il est venu trop tard, l'instant de ton réveil
Succombe au remords qui t'oppresse!

Misrakési.

Et ma malheureuse amie, est-elle moins à plaindre?

Madhavya, *à part.*

Allons, encore un accès! toujours la fièvre de Sacountalâ! Il est incurable.

Le Chambellan, *s'approchant.*

Gloire au roi! J'ai visité le jardin : Sa Majesté peut s'y promener; rien ne viendra l'y troubler.

Le Roi.

Vétravatî, va dire à mon ministre Pisouna que j'ai mal reposé cette nuit; je ne siégerai pas dans mon tribunal. Qu'il instruise lui-même les affaires, et qu'il me les soumette.

Vétravati.

Je vais exécuter vos ordres. (*Elle sort.*)

Le Roi.

Pârvatâyana, va veille aussi aux soins de ta charge.

Le Chambellan.

Bien, maître! (*Il sort.*)

MADHAVYA.

Nous voilà encore une fois débarrassés des moustiques. Maintenant viens un peu respirer l'air dans le jardin. L'hiver est passé. Vois comme tout est beau déjà.

LE ROI.

Ah! mon ami, c'est un coup de plus dans une plaie ouverte.

Il faisait nuit en moi,... quand une lueur brusque
M'éclaire et me condamne; et c'est en ce moment
Que le printemps sourit et que l'amour s'embusque
Sous les fleurs du manguier charmant.

MADHAVYA.

Attends un peu! avec mon bâton, je vais parer la flèche de l'Amour. (*Il lève son bâton pour casser la fleur du manguier.*)

LE ROI, *essayant de sourire.*

C'est bien! tu as montré ce dont un brahmane est capable. — Où vais-je m'asseoir? où vais-je rassasier mes yeux de la vue des lianes moins sveltes que sa taille?

MADHAVYA.

Mais installe-toi dans le berceau de ljanes Mâdhavîs. N'est-ce pas là que tu dois attendre la petite Tchatouricâ, l'artiste peintre? Quand tu l'as rencontrée, tu l'as chargée d'y apporter le portrait que tu as fait de Sacountalâ.

LE ROI.

Je n'ai pas d'autre consolation. Eh bien donc, allons au berceau de lianes! Précède-moi.

MADHAVYA.

Tu n'as qu'à me suivre. (*Ils changent de place. Misrakésî les suit.*) Voilà le berceau de Mâdhavîs avec son banc de pierre orné de joyaux. Ah! il ne pouvait pas être plus désert : on dirait qu'il a voulu t'être agréable. Entrons et asseyons-nous. (*Ils entrent et s'assoient.*)

MISRAKÉSI.

Je vais rester derrière le berceau pour voir le portrait de ma chère Sacountalâ, et j'irai ensuite lui rendre témoignage de la tendresse de son époux. (*Elle se place derrière le berceau.*)

LE ROI.

Ami, maintenant je me souviens de tout. Dès ma première rencontre avec Sacountalâ, je t'avais instruit de mon amour. Hélas! tu n'étais pas là quand je l'ai méconnue; mais je t'avais dit son nom : l'avais-tu donc oublié, toi aussi?

MISRAKÉSI.

Ceci montre que les rois ne devraient pas se séparer un instant de leurs amis fidèles.

MADHAVYA.

Mais non, je n'avais rien oublié; seulement, après m'avoir tout raconté, tu as fini par me dire que tu avais voulu plaisanter, et que j'aurais tort d'en rien croire. Moi, je n'y ai pas entendu malice. Mais veux-tu que je te dise? Selon moi, c'est le destin qui a conduit tout cela.

MISRAKÉSI.

Hélas! oui.

LE ROI, *après un moment de silence.*

Ah! mon ami, viens à mon secours!

MADHAVYA.

Qu'est-ce qu'il y a? Allons donc! Depuis quand les hommes de ta trempe se laissent-ils abattre par le chagrin? Le vent a beau souffler, il ne fera jamais trembler les montagnes.

LE ROI.

Je t'appelle pour que tu m'aides à chasser une pensée affreuse, le souvenir de ma cruauté et de son angoisse.

Je l'avais repoussée... Elle voyait les siens
A leur tour se séparer d'elle :
« Reste », lui dit l'ermite en partant. « Sois fidèle!
« Crains ton père si tu reviens! »
Alors ses grands yeux noirs, baignés de larmes vaines,
Me lancent un dernier regard...
Ah! je le vois toujours, je le sens : c'est un dard,
Un poison qui brûle mes veines!

MISRAKÉSI.

Son abattement me fait pitié.

MADHAVYA.

Il me vient une idée : c'est peut-être un génie aérien qui l'a enlevée.

LE ROI.

Quel autre aurait osé toucher à une femme si fidèle? Ses amies m'ont dit qu'elle était fille de l'Apsaras Ménacâ : ce sont les compagnes de sa mère qui l'auront enlevée, si ce n'est sa mère elle-même.

MISRAKÉSI.

Ce qui m'étonne n'est pas le réveil de son in-telligence, c'est le sommeil qui a précédé.

MADHAVYA.

Alors tu peux être tranquille, tu la retrouveras.

LE ROI.

Et comment?

MADHAVYA.

Une mère, pas plus qu'un père, ne peut con-sentir à laisser longtemps sa fille séparée de son mari.

LE ROI.

Non, mon ami, je ne la verrai plus.

Égarement fatal! Le sort, dans sa justice,
Donne à chacun sa part de bonheur mérité :
J'avais reçu la mienne, et l'affreux précipice
S'est ouvert pour toujours sous ma félicité!

MADHAVYA.

Ne dis pas cela; on retrouve ce qu'on a perdu : la découverte de l'anneau n'en est-elle pas la meil-leure preuve?

Le Roi, *regardant son anneau.*

Pauvre anneau, tu es tombé de son doigt, tu
n'y retourneras plus!

> *Anneau déchu! Renonce à la place sacrée*
> *Où je t'ai vu briller, éblouissant et fier.*
> *Tu connus son doigt mince à la pointe nacrée!*
> *Tes beaux jours sont finis : le destin est de fer.*

Misrakési.

Je le plaindrais davantage s'il était passé de sa
main à une autre que celle-ci. — Sacountalâ, ma
chérie, que n'es-tu là pour entendre! Je suis seule
à boire le nectar qui enivrerait ton cœur.

Madhavya.

Et pourquoi lui avais-tu donné cet anneau qui
porte ton nom?

Misrakési.

Je suis curieuse aussi de le savoir.

Le Roi.

Écoute : quand j'ai quitté l'ermitage pour rentrer dans mon palais, elle était tout en larmes, et
elle m'a dit : « Mon époux ne va-t-il pas m'oublier? »

Madhavya.

Et alors?

Le Roi.

J'ai passé mon anneau à son doigt, et je lui ai
répondu...

MADHAVYA.

Quoi donc?

LE ROI.

Chasse une frayeur importune !
Compte les lettres de mon nom,
De jour en jour, une par une :
A la dernière... Ou plutôt, non !
Déjà mon sein brûle... Il t'appelle...
J'abrégerai les longs délais.
Un guide arrivera, ma belle :
Tu le suivras dans mon palais.

Et j'ai été assez égaré pour lui infliger le plus cruel des traitements !

MISRAKÉSI.

L'idée était charmante : l'obstacle est venu du destin.

MADHAVYA.

Et par quel hasard, après cela, l'anneau est-il entré comme un hameçon dans le ventre du Rohita?

LE ROI.

Elle a fait ses ablutions aux bains sacrés de Satchî; c'est là qu'elle l'a perdu.

MADHAVYA.

Je comprends.

MISRAKÉSI.

Ce serait donc faute de cet anneau que le sage roi n'aurait pas reconnu la malheureuse Sacountalâ, et qu'il l'aurait repoussée, dans la crainte de recevoir chez lui la femme d'un autre? Mais un amour comme le leur avait-il donc besoin d'un signe de reconnaissance ? Tout cela est inexplicable.

LE ROI.

Ah ! j'en veux à cet anneau.

MADHAVYA, *riant.*

Oui ? Eh bien ! moi, alors, j'en veux à mon bâton. (*S'adressant à son bâton.*) Pourquoi es-tu tortu ? ne suis-je pas droit, moi ?

LE ROI, *sans l'écouter.*

Pourquoi l'as-tu quitté, ce doigt, tige flexible
Dont les nœuds délicats devaient te retenir ?
Mais moi !... moi qui querelle un objet insensible,
J'ai bien fermé mon cœur à son cher souvenir !

MISRAKÉSI.

C'est ce que j'étais tentée de lui répondre.

MADHAVYA.

Ah çà ! est-ce que ça va durer encore longtemps ? On meurt de faim ici.

LE ROI, *toujours sans l'écouter.*

O ma bien-aimée ! je t'ai cruellement repoussée ; mais le remords me déchire. Reviens ; ah ! reviens ; aie pitié de moi ! (*Une suivante arrive avec un tableau dans les mains.*)

LA SUIVANTE.

Maître, voici le portrait de notre maîtresse. (*Elle lui montre le tableau.*)

LE ROI, *regardant.*

Ah ! qu'elle est belle !

Ses grands yeux, son sourcil vainqueur, liane fine
Qui ploie au souffle de l'amour,
Sa bouche aux blanches dents, qu'un sourire illumine,
Et d'où sortait l'éclat du jour,
Ses traits où tant de grâce et de douceur s'assemble,
Sa lèvre rose, je les vois !
C'est une vaine image, et pourtant il me semble
Que je vais entendre sa voix !

MADHAVYA, *regardant à son tour.*

Oh ! joli tableau ! sujet bien rendu ; relief saisissant ; les figures sortent du panneau ; c'est à donner envie d'entamer la conversation.

MISRAKÉSI.

Le talent du roi est vraiment admirable : je crois voir devant moi ma chère Sacountalâ.

LE ROI.

Ami...

Le modèle est parfait : je l'ai mal imité.
N'impute qu'à moi seul ce que ton goût réprouve.
Mon œuvre a cent défauts,... et cependant j'y trouve
Comme un reflet de sa beauté.

MISRAKÉSI.

C'est bien là le langage d'un amour doublé par le remords.

LE ROI, *avec un profond soupir.*

Ce corps dont je poursuis la décevante image,
Il vivait : j'avais là le bonheur sous ma main...
Le flot qui désaltère était sur mon chemin,
Et je cours après le mirage !

MADHAVYA.

Je vois trois figures,... très jolies toutes les trois ;
mais laquelle est Sacountalâ ?

MISRAKÉSI.

Comment! il ne la reconnaît pas à sa beauté?
Le malheureux ne voit donc pas clair !

LE ROI.

Devine.

MADHAVYA, *après avoir bien regardé.*

Est-ce celle qui a les cheveux dénoués? Il paraît
qu'elle avait chaud. Sa parure de fleurs est toute
fanée : elle va se détacher. Ah! ses deux bras pen-
dent comme deux lianes; sa robe flotte sur ses
hanches. Elle s'appuie à la branche d'un asoka...
L'arbre a été bien arrosé : quelle fraîcheur! Mais
elle, elle est bien fatiguée. C'est elle, n'est-ce pas?
Les deux autres sont ses compagnes?

LE ROI.

Tu ne t'es pas trompé. Vois maintenant dans
cette peinture les défaillances d'un amant.

Mon pinceau, sur le bois, en caressant ses charmes,
A tremblé ;
Et j'ai décoloré son image : mes larmes
Ont coulé.

Tchatouricâ, je n'ai encore peint qu'à moitié ce
lieu de délices : va me chercher mes pinceaux.

TCHATOURICA.

Seigneur Mâdhavya, veuillez tenir le tableau jusqu'à ce que je revienne.

LE ROI.

C'est moi qui le tiendrai. (*Il prend le tableau; la suivante sort.*)

MADHAVYA.

Qu'est-ce que tu veux donc y ajouter?

MISRAKÉSI.

Il veut sans doute rendre dans tous leurs détails les lieux qu'aimait Sacountalâ.

LE ROI.

Je vais te le dire :

Il faut qu'un couple heureux de flamants se querelle
Près de la rivière aux flots blancs,
Que la chaîne aux sommets de neige [1] *s'amoncelle,*
Portant des buffles sur ses flancs;
Je veux que le tissu d'écorce aux plis tremblants
Sur ces arbres flotte et ruisselle :
La forêt penchera ses rameaux opulents
Sur les amours d'une gazelle.

MADHAVYA, *à part.*

D'après ce qu'il dit, je présume qu'il va y mettre aussi un tas d'ermites, avec des barbes longues de ça.

LE ROI.

J'ai oublié aussi ses parures ordinaires.

---

1. L'Himâlaya, dont le nom signifie en sanscrit « séjour de la neige ».

MADHAVYA:

Ah! Et quoi donc?

MISRAKÉSI.

Quelques fleurs, sans doute, la parure des jeunes novices.

LE ROI.

> Boucle où la brise se joue,
> Je veux voir le Sirîcha
> Que sa main fine attacha
> Se balancer sur sa joue.
> Fibres du lotus, luisez
> Comme des rayons de lune,
> Et caressez sa peau brune
> Entre ses seins embrasés!

MADHAVYA.

Tiens! mais elle porte devant ses lèvres ses doigts roses comme de petits lotus. Elle paraît bien effrayée. (*Riant.*) Ah! c'est cette coquine d'abeille : elle est habituée à voler le miel aux fleurs, et elle s'attaque au lotus de son visage.

LE ROI.

> J'ai connu sa lèvre rose,
> Fleur sauvage, fraîche éclose
> Dans l'ombre de la forêt :
> Pour épargner cette lèvre,
> Je disais : « Éteins ta fièvre! »
> A mon cœur qu'elle enivrait...
> Et cette abeille s'obstine
> Contre la bouche enfantine
> Qui m'appelle à son secours.

Pour la punir, qu'un calice
De lotus l'ensevelisse
Et l'endorme pour toujours!

MADHAVYA.

Dis-moi, tu sais que c'est une peinture que tu as devant les yeux?

LE ROI.

Une peinture !

Je la voyais... J'étais heureux... Ne pouvais-tu
Me laisser à longs traits savourer ma folie ?
Mon bonheur est mensonge : un instant je l'oublie !
Pourquoi le rappeler à mon cœur abattu?

(Il pleure.)

MISRAKÉSI.

Le destin n'a jamais eu, il n'aura plus jamais de jeux aussi cruels.

LE ROI.

Ah! mon cher Mâdhavya, ma douleur ne s'apaisera jamais.

Qu'un rêve me la rende : un prompt réveil l'enlève
A mes ardents baisers !
Et les pleurs dont mes yeux éteints sont arrosés
Me voilent ce portrait qui remplaçait mon rêve.

MISRAKÉSI.

Pauvre ami, tu as méconnu ma chère Sacountalâ, mais sa compagne est témoin que tu as bien expié ta faute. *(Tchatouricâ rentre en scène.)*

TCHATOURICA.

Maître, je tenais la boîte aux pinceaux, et je l'apportais ici...

LE ROI.

Que t'est-il arrivé ?

TCHATOURICA.

J'ai rencontré la reine Vasoumatî, accompagnée de Pinggalicâ. Elle m'a dit : « C'est moi qui porterai la boîte à mon époux ; » et elle me l'a arrachée des mains.

MADHAVYA.

Et toi-même, comment as-tu pu te dépêtrer d'elle ?

TCHATOURICA.

Par bonheur la robe de la reine s'est accrochée à une branche, et pendant que Pinggalicâ la dégageait, je me suis cachée.

VOIX *derrière la scène.*

Reine, veuillez me suivre.

MADHAVYA, *prêtant l'oreille.*

Alerte ! voici la tigresse du harem. C'est le tour de Tchatouricâ : elle va l'avaler comme une gazelle.

LE ROI.

La reine va venir... Mes respects ont doublé son orgueil... Je crains pour cette peinture : sauve-la.

MADHAVYA.

Et moi avec, n'est-ce pas ? (*Il prend le tableau et*

se lève.) Cher ami, te voilà pris dans les filets du harem. Si tu peux rompre une maille, tu n'auras qu'à me faire demander au Belvédère des nuages[1] : c'est là que je vais cacher le tableau. S'il y est vu, ce ne sera jamais que par les pigeons. (*Il sort en courant.*)

MISRAKÉSI.

Ce n'est plus cette reine qu'il préfère, et pourtant il a encore des égards pour elle : l'amitié chez lui survit à l'amour.

VÉTRAVATI, *entrant, une feuille d'écriture à la main.*

Gloire au roi !

LE ROI.

N'as-tu pas rencontré en route la reine Vasoumatî ?

VÉTRAVATI.

Oui, Sire ; mais, quand elle a vu cette feuille dans ma main, elle est retournée sur ses pas.

LE ROI.

La reine est discrète : elle a respecté l'heure que je dois consacrer à mes devoirs de roi.

VÉTRAVATI.

Le ministre m'a chargée de vous dire que les affaires étaient nombreuses aujourd'hui, et qu'il n'a pu en instruire qu'une seule : vous en trouverez l'exposé sur cette feuille.

---

1. Nom d'une tour du palais.

LE ROI.

Montre-la-moi. (*Vétravatî tient la feuille ouverte devant le roi. Il lit.*) « Nous informons Sa Majesté qu'un marchand nommé Dhanavriddha, qui faisait le commerce maritime, a péri dans un naufrage sans laisser d'enfants. Sa fortune était immense. Selon la loi, elle appartient au trésor royal. Que Sa Majesté décide! » (*Avec tristesse.*) Malheureux celui qui n'a pas d'enfants! Vétravatî, puisque ce Dhanavriddha était si riche, il devait avoir plusieurs épouses : il faudra savoir si l'une d'elles n'est pas grosse.

VÉTRAVATI.

On dit justement qu'une de ses femmes, fille d'un marchand d'Ayodhyâ [1], venait de célébrer la cérémonie de la conception.

LE ROI.

Alors l'héritage du père appartient à l'enfant qui naîtra d'elle. Porte ma décision au ministre.

VÉTRAVATI.

J'obéis. (*Fausse sortie.*)

LE ROI.

Attends,... reviens.

VÉTRAVATI, *revenant sur ses pas.*

Me voici.

---

1. La ville qui a donné son nom au pays d'Oude actuel.

LE ROI.

Qu'importe que le défunt laisse ou ne laisse pas d'enfants ?

Les sujets dont je suis le gardien et le père,
S'ils perdent un des leurs, ont droit à tous ses biens ;
Ils seront désormais ses fils comme les miens.
J'ai dit ! Que mon peuple prospère !

VÉTRAVATI.

Le décret du roi va être publié. (*Elle sort, et revient bientôt après.*) Le décret a produit sur la foule l'effet de la pluie attendue à la fin de l'été.

LE ROI, *poussant un profond soupir.*

La fortune est inutile à celui qui n'a pas d'enfants : à sa mort, ses biens passent à des étrangers ; quand viendra ma dernière heure, il en sera ainsi de l'empire de Pourou.

VÉTRAVATI.

Que le ciel détourne de nous ce malheur !

LE ROI.

Ah ! je n'ai pas voulu du bonheur qui était sous ma main.

MISRAKÉSI.

Quand il s'accuse, c'est à ma chère Sacountalâ qu'il pense.

LE ROI.

Le semeur doit la plante au sol qui la produit ;
La terre est son espoir ; les moissons viennent d'elle.

Et moi, j'ai renié mon épouse fidèle :
Son sein allait donner son fruit.

MISRAKÉSI.

Quand tu l'auras une fois reconquise, je crois que tu ne l'abandonneras plus.

TCHATOURICA, *bas à Vétravatî.*

Madame, ce message du ministre a redoublé le chagrin du roi. Allez chercher le seigneur Mâdhavya ; il est maintenant au Belvédère des nuages : peut-être pourra-t-il distraire son ami.

VÉTRAVATI.

Ton idée est bonne. (*Elle sort.*)

LE ROI.

Et que deviendront dans l'autre monde les ancêtres de Douchanta ?

Mes pères sont heureux encore : je célèbre
Le culte de ma race avec l'eau de mes yeux [1].
Mais je suis seul : ma mort éteint l'autel funèbre...
L'éternel abandon menace mes aïeux.

MISRAKÉSI.

Le roi est encore dans les ténèbres : la lampe n'est pas loin, mais elle est cachée.

TCHATOURICA.

Maître, ne désespérez pas de l'avenir : vous êtes jeune ; une de vos femmes vous donnera un fils pour acquitter votre dette envers vos aïeux. (*A*

---

1. On fait des libations d'eau aux mânes.

part.) Le roi ne m'écoute pas ; mais de l'excès du mal sortira le remède.

LE ROI, *en proie à la plus violente douleur.*

Ainsi va se tarir une race féconde :
C'est le sang de Pourou, c'est son nom qui se perd,
Comme le fleuve saint [1] *à l'eau pure et profonde*
Meurt sans laisser de trace au sable du désert!

(*Il s'évanouit.*)

TCHATOURICA, *effrayée.*

Maître, reprenez vos sens, revenez à vous.

MISRAKÉSI.

Faut-il dès maintenant rendre la joie à son cœur? Non : quand la mère des dieux [2] est venue voir Sacountalâ, je l'ai entendue lui dire : « Les dieux attendent des sacrifices conformes aux rites [3]; ils ont intérêt à te réunir le plus tôt possible à l'époux qui doit les offrir avec toi. » Je n'ai plus aucune raison de m'attarder ici : je vais consoler Sacountalâ par le récit de tout ce que j'ai vu et entendu. (*Elle s'élance dans les airs.*)

---

1. La Sarasvatî.
2. Aditi; voir Acte VII, p. 161.
3. Ils en ont besoin, comme les mânes.

VOIX *derrière la scène.*

Au meurtre! à l'assassin! On ne tue pas les brahmanes!

LE ROI, *reprenant ses sens et prêtant l'oreille.*

N'est-ce pas Mâdhavya qui crie : Au secours!

TCHATOURICA.

Pourvu que le malheureux n'ait pas été surpris par Pinggalicâ avec le tableau dans les mains!

LE ROI.

Tchatouricâ, va dire de ma part à la reine qu'elle a tort de laisser prendre tant de libertés à ses suivantes.

TCHATOURICA.

J'y cours. (*Elle sort.*)

LA MÊME VOIX *derrière la scène.*

Au meurtre! On ne tue pas les brahmanes!

LE ROI.

C'est bien mon pauvre brahmane; sa voix est étranglée par la peur. Holà! quelqu'un! (*Entre le chambellan.*)

LE CHAMBELLAN.

J'attends les ordres de Sa Majesté.

LE ROI.

Entends-tu Mâdhavya? Va voir ce qu'il a à crier.

LE CHAMBELLAN.

J'obéis. (*Il sort et revient très agité.*)

LE ROI.

Pârvatâyana, il n'est pas arrivé de malheur?

LE CHAMBELLAN.

Non...

LE ROI.

Mais qu'as-tu donc?

Est-ce encor l'effet de l'âge ?...
Pourquoi trembles-tu si fort?
Ainsi frissonne et se tord
Un figuier que bat l'orage!

LE CHAMBELLAN.

Grand roi, sauve ton ami.

LE ROI.

De quoi est-il menacé?

LE CHAMBELLAN.

D'un grand danger.

LE ROI.

Explique-toi.

LE CHAMBELLAN.

Tu sais,... le Belvédère des nuages,... d'où l'on
a une si belle vue...

LE ROI.

Eh bien! que s'y est-il passé?

LE CHAMBELLAN.

L'infortuné touchait à la plus haute cime
Où le paon n'a jamais volé d'un seul essor,
Quand un être invisible a saisi sa victime...
Il ne l'a pas lâchée encor!

LE ROI, *se levant brusquement.*

Quoi ! on ose s'attaquer à mon palais même !
Ah ! le fardeau du pouvoir est trop lourd !

> *Surveiller un peuple ? Serrer*
> *Le frein aux passions des autres ?*
> *Mais c'est déjà trop d'espérer*
> *Dompter les nôtres !*

LA VOIX.

Au secours ! au secours !

LE ROI. (*Il s'élance et chancelle.*)

Ami, ne crains rien.

LA VOIX.

« Ne crains rien ! » C'est facile à dire. Il me
tord le cou, et tout à l'heure il va le briser comme
une canne à sucre.

LE ROI, *jetant un regard de côté.*

Mon arc ! vite ! mon arc !

UNE YAVANI [1], *entrant.*

Maître, voici l'arc, les flèches et le bouclier. (*Le
roi prend l'arc et les flèches.*)

AUTRE VOIX *derrière la scène.*

> *En vain tu me résisterais !*
> *Car je vais te tuer comme le tigre tue*
> *Et déchire à plaisir sa victime abattue,*

---

1. Les Yavanîs sont des esclaves étrangères, sortes d'amazones, au service des rois : à l'origine peut-être des *Ioniennes*, c'est-à-dire des Grecques.

Pour se repaître de sang frais !
Et maintenant,... appelle encore
Douchanta, ce vengeur de toute iniquité :
Enfin l'on verra bien si ce roi tant vanté
Entendra la voix qui l'implore !

LE ROI, *avec colère.*

Comment! il ose s'en prendre à moi-même!
Attends, écume de l'enfer, ta dernière heure est
venue! (*Il met une flèche sur son arc.*) Pârvatâyana,
montre-moi l'escalier.

LE CHAMBELLAN.

Suivez-moi, Sire. (*Ils montent rapidement.*)

LE ROI, *regardant de tous côtés.*

Je ne vois rien.

LA PREMIÈRE VOIX.

Au secours! au secours!... Tu ne nous vois pas,
mais je te vois, moi. Ah! comme la souris dans les
griffes du chat, il faut que je renonce à la vie!

LE ROI, *s'adressant au ravisseur.*

Tu es fier parce qu'un voile magique te rend
invisible. Crois-tu que ma flèche ne saura pas te
trouver? — Ne crains rien, mon cher Mâdhavya. —
N'espère pas non plus que le corps de mon ami te
serve de bouclier. Vois ce trait sur mon arc.

Il va partir... Mon bras le lance hardiment :
Je ne crains pas qu'il frappe un brahmane que j'aime.

20

Lorsque le lait et l'eau sont mêlés, le flamant
Distingue l'eau du lait [1] : mon trait fera de même.

(Il tend son arc. On voit alors paraître Mâtali
avec Mâdhavya.)

MATALI, s'adressant au roi.

Garde tes traits pour les démons !
Le temps viendra d'en faire usage :
En attendant, fais bon visage
A tes amis, et... désarmons !

LE ROI, tressaillant et retenant sa flèche.

Comment ! c'est Mâtali ! Salut au cocher du roi
des dieux !

MADHAVYA.

Ah ! c'est trop fort ! Il allait me tuer comme un
chien,... et tu lui fais des politesses !

MATALI, souriant.

Roi, Indra m'a chargé d'un message pour toi.

LE ROI.

Parle.

MATALI.

Il est une race de démons redoutables, fils de
Câlanémi ; on les appelle Dourdjayas [2].

LE ROI.

Nârada [3] m'en a parlé.

_____

1. Préjugé, d'origine évidemment mythique, auquel il est
souvent fait allusion dans la littérature indienne.
2. « Invincibles. »
3. Nom d'un sage qui est une sorte de demi-dieu.

Matali.

Indra lui-même, Indra sent son bras impuissant
Contre cette engeance maligne :
Pour les vaincre et noyer leur race dans le sang
C'est toi que le destin désigne.
L'obscure nuit ne craint ni les feux, ni les dards,
Ni le courroux du soleil même :
Il faut pour la percer les froids et doux regards
De la lune à la face blême.

Prends ton arc, monte avec moi sur le char d'Indra, et cours à la victoire.

Le Roi.

C'est un grand honneur que je reçois du roi des dieux... Mais pourquoi as-tu fait cette peur mortelle à mon pauvre Mâdhavya ?

Matali.

Tu vas le savoir. Je voyais qu'un chagrin, dont j'ignore la cause, avait brisé ton courage ; j'ai voulu le relever.

Le serpent se dresse
Sous le pied qui presse
Ses anneaux dormants ;
Le feu qu'on agite
Embrase plus vite
Les tisons fumants :
Tel l'ardent tumulte
Qu'excite l'insulte
Dans le cœur des rois.
J'aime leur colère,
Quand sa flamme éclaire
De hardis exploits !

Le Roi, *à Mâdhavya*.

Cher ami, il faut que j'obéisse à l'ordre du roi
du ciel. Informe de ce qui s'est passé mon ministre
Pisouna, et porte-lui en mon nom ces paroles :

> *Le fardeau du pouvoir est léger pour un sage.*
> *Nous l'avons partagé : porte-le tout entier ;*
> *Ta prudence y suffit. Un céleste message*
> *Appelle ailleurs mon bras guerrier.*

MADHAVYA.

Je n'y manquerai pas. *(Il sort.)*

MATALI.

Daigne monter sur le char. *(Le roi monte sur le
char avec Mâtali.)*

ACTE VII

RECONNAISSANCES

On voit le roi et Mâtali traversant les airs
sur le char d'Indra.

Le Roi.

Matali, j'ai fait ce qu'Indra demandait de moi ; mais je suis confus de la récompense que j'ai reçue : je ne crois pas l'avoir méritée.

Matali.

Alors vous n'êtes satisfaits ni l'un ni l'autre.

Appui d'Indra, sauveur des dieûx, la récompense
T'a paru dépasser le service rendu ?
Affermi sur son trône, Indra s'afflige et pense
Qu'il ne t'a pas donné le prix qui t'était dû.

Le Roi.

Que dis-tu là ? Les honneurs qu'il m'a rendus à mon départ dépassent les plus ambitieux désirs. Les

dieux étaient assemblés; j'étais devant eux, assis
à ses côtés : je le vois encore...

Une couronne de fête
Est dans sa main, toute prête
Pour celui qu'il va choisir :
Djayanta[1] lance à son père
Un regard charmant qu'éclaire
L'étincelle du désir...
Indra sourit, et me presse,
Tremblant d'orgueil et d'ivresse,
Dans ses bras victorieux ;
Je sens sa royale étreinte,
Et déjà ma tête est ceinte
De ce bandeau glorieux !

MATALI.

Mais n'est-ce pas à toi que le roi des dieux doit
son repos ?

Mon maître aime à cueillir la volupté divine
Dans les riants jardins du ciel ;
Le démon l'importune ; il maudit cette épine
Qu'il trouve sous le fruit de miel.
Pour l'arracher, faut-il encor les rudes ongles
De Vichnou, de l'homme-lion ?
Non ! Ton arc est plus fort que le monstre des jungles
Pour dompter la rébellion.

LE ROI.

Ce que j'ai fait n'est qu'un nouveau témoignage
de la grandeur d'Indra :

L'aurore chaque jour remporte une victoire
Dont elle doit laisser tout l'honneur au soleil.

---

1. Fils d'Indra.

Indra me dirigeait : mon rôle fut pareil,
Et je fais à mon maître hommage de ma gloire.

MATALI.

Je reconnais là ta modestie. (*Quelques pas plus loin.*) Regarde : cette fois ta renommée s'est réellement élevée au delà des nues.

La laque [1] ne teint plus les pieds des immortelles
Elle sert à tracer tes exploits dans les cieux.
Les arbres Kalpas [2] sont les stèles,
Et tes poètes sont des dieux !

LE ROI.

Dis-moi, Mâtali, hier, quand nous avons gravi cette route aérienne, je brûlais du désir de me mesurer avec les démons, et je n'ai pas remarqué ce lieu. Où sommes-nous ?

MATALI.

Ce torrent qui s'épanche est la plus haute source
Du fleuve saint [3] qui va féconder tes États.
Tu vois de près les feux qui t'éclairent là-bas :
Nous croisons les chemins qu'ils suivent dans leur course.
Regarde : au haut du ciel les vents soufflent en vain :
Nulle vapeur n'atteint sa voûte recourbée.
Vichnou, quand il a fait sa seconde enjambée [4],
A posé là son pied divin.

---

1. Les femmes hindoues se teignent les pieds avec de la laque.
2. Nom d'un arbre céleste.
3. Le Gange : la mythologie le fait descendre du ciel.
4. Vichnou, ayant pris la forme d'un nain, s'était fait promettre par un roi l'espace qu'il pourrait parcourir en trois enjambées : de la première il traversa la terre, de la seconde l'atmosphère, et de la troisième le ciel.

LE ROI.

C'est donc le voisinage du fleuve céleste qui rafraîchit mes sens et mon cœur? (*Regardant la route que suit le char.*) Je crois que nous voilà maintenant dans la région des nuages.

MATALI.

A quels signes le reconnais-tu?

LE ROI.

Les vois-tu s'envoler, ces rapides oiseaux[1],
  Vers les vapeurs qui s'amoncellent?
Ton char, qui fend les airs, semble sortir des eaux :
  Les jantes en tournant ruissellent.
Rougis par les éclairs qui colorent les monts,
  Tes chevaux bondissent de rage :
Nous passons à travers les nuages féconds
  Dont les flancs enfantent l'orage.

MATALI.

Tu ne te trompes pas. Un instant encore, et tu rentreras dans ton royaume.

LE ROI, *regardant au-dessous de lui.*

Màtali, le char descend avec la rapidité de la foudre : le monde terrestre est vraiment curieux à regarder d'ici.

Vois-tu de toutes parts se dessiner les monts
Dont tu ne distinguais ni le pied ni la crête?
Les grands arbres touffus dont tu voyais la tête

---

1. Il s'agit des Tchâtakas, oiseaux qui passent pour ne boire que les gouttes de pluie.

Nous montrent maintenant les lignes de leurs troncs ;
Les fleuves que voilait l'épaisseur de la nue
Déroulent à nos yeux leur fil clair et luisant :
Ne te semble-t-il pas qu'une main inconnue
M'apporte la terre en présent ?

MATALI.

C'est comme tu dis. (*Il regarde en donnant des
signes de respect* [1].) Oh ! la terre a aussi ses charmes.

LE ROI.

Màtali, quelle est cette montagne baignée par
deux mers? L'or ruisselle de ses flancs comme d'un
nuage rougi par le crépuscule.

MATALI.

Roi, c'est l'Hémacouta [2], la montagne des
Kimmpourouchas [3], la plus sainte de toutes les de-
meures. Vois.

Màrîtcha [4], *le sage, a bâti*
Sa hutte en ce lieu solitaire ;
Il y mène une vie austère
Près de son épouse Aditi.
Ses leçons l'ont fait reconnaître
Digne petit-fils de Brahma :
C'est ici que sa voix charma
Les dieux qui l'avaient pris pour maître.

LE ROI, *avec respect.*

Le contempler est la plus haute des félicités. Pas-

---

1. La terre est une déesse.
2. Montagne au nord de l'Himâlaya.
3. Génies de la suite de Couvéra, dieu des richesses.
4. Fils de Marîtchi, ordinairement nommé Kasyapa.

serai-je à côté de ce bonheur sans le goûter? Non,
je n'irai pas plus loin avant d'avoir rendu mes devoirs au bienheureux.

MATALI.

J'approuve ton dessein. (*Le char descend.*) Nous
voici arrivés.

LE ROI, *avec étonnement.*

Mâtali!

> *Dans l'air pur la roue*
> *Tourne et court sans bruit;*
> *Sans toucher la boue*
> *Du chemin qui fuit.*
> *Étrange mystère!*
> *Le char descendu*
> *Semble suspendu*
> *Au-dessus de terre.*

MATALI.

C'est la différence du char d'Indra et du tien.

LE ROI.

Indique-moi l'ermitage de Mâritcha.

MATALI, *étendant la main.*

C'est là,... où tu vois cet ascète en méditation.

> *Ses genoux sont plongés dans une fourmilière;*
> *Il garde sur l'épaule une peau de serpent [1];*
> *Quelle vertu! sa gorge étouffe sous le lierre*
> *Qui le couvre en grimpant;*
> *Sa longue chevelure est une lourde masse*

---

1. La peau d'un serpent qui a mué sur lui.

De tresses et de nids où l'oiseau chante et dort;
Brûlé par le soleil, il le regarde en face,
Nu comme un arbre mort.

LE ROI, *regardant.*

Honneur à ce rigide ascète !

MATALI, *retenant les rênes.*

Nous voici dans l'ermitage du père des créatures [1]. C'est Aditi qui soigne elle-même ces arbres Mandâras.

LE ROI.

Ah ! ce séjour de paix est plus doux que le ciel même ! Je me crois plongé dans un lac de nectar !

MATALI, *arrêtant le char.*

Roi, tu peux descendre.

LE ROI, *descendant du char.*

Et toi ?

MATALI.

Le char est arrêté : les chevaux ne bougeront plus. Je descends aussi. (*Il descend.*) Regarde ! Voici les bosquets habités par les solitaires qui sont parvenus à la perfection.

LE ROI.

J'admire également le lieu et ses habitants.

Ils vivent de l'éther dans la forêt sacrée,
Au milieu des Kalpas chargés de leurs fruits mûrs;
Pour leurs ablutions, ils ont des ruisseaux purs

---

1. Mârîtcha.

Où le pollen des fleurs rend l'eau toute dorée ;
Ces palais de rubis ne sont rien à leurs yeux ;
Les nymphes de ces bois n'ont sur eux nul empire :
Tous ces suprêmes biens auxquels l'ermite aspire,
Ils s'en privent encore au sein même des cieux !

MATALI.

L'ambition des grands cœurs ne connaît pas de limites ! (*Il fait quelques pas. A la cantonade.*) Vriddhasâcalya ! Que fait à cette heure le bienheureux Mârîtcha ? (*Après avoir écouté.*) Que dis-tu ?... La fille de Dakcha [1] lui a demandé quels sont les devoirs d'une épouse fidèle, et il est maintenant occupé à l'instruire ? — Alors, il faut attendre ; nous nous présenterons plus tard. (*Regardant le roi.*) Assieds-toi à l'ombre de cet Asoka : je vais t'annoncer au père d'Indra [2].

LE ROI.

Comme il te plaira. (*Mâtali sort. — Sentant un présage heureux [3].*)

Qu'ai-je senti ? Faut-il en croire un heureux signe ?
Mais non ! Tout est fini ! Mon cœur est sans espoir.
Le bonheur s'est lassé de poursuivre un indigne,
Et je ne dois plus la revoir !

VOIX derrière la scène.

Sois donc sage ! Il faut toujours que tu montres ton méchant caractère !

---

1. Aditi, son épouse.
2. Toujours Mârîtcha.
3. Une secousse dans le bras droit.

LE ROI, *écoutant.*

Comment! du désordre en ce saint lieu! A qui parle-t-on ainsi? (*Regardant du côté d'où est venue la voix. Avec étonnement.*) Ah! c'est un enfant! Deux religieuses courent après lui... Un enfant? non! mais un héros!

> *C'est un lionceau qu'il traîne,*
> *Non sans peine :*
> *La bête égratigne et mord.*
> *Il la tient par la crinière*
> *Prisonnière,*
> *Et rit d'être le plus fort!*

On voit entrer l'enfant, tenant le lionceau et suivi des deux religieuses.

L'ENFANT.

Allons! petit lion! ouvre ta gueule! Je veux compter tes dents.

PREMIÈRE RELIGIEUSE.

Vilain! veux-tu le laisser tranquille! Tu sais bien que les petits des bêtes de l'ermitage sont nos enfants! Mais tu as besoin de batailler : les solitaires ont eu bien raison de t'appeler Grand-dompteur.

LE ROI.

C'est étrange!... A la vue de cet enfant qui ne m'appartient pas, je me sens au cœur des tendresses de père... Ah! c'est que je n'ai pas d'enfants!

SECONDE RELIGIEUSE.

La lionne te mangera, si tu ne lâches pas son petit!

L'ENFANT, *riant.*

Ah! que j'ai peur! (*Il lui fait une grimace.*)

LE ROI, *avec étonnement.*

L'héroïsme est en lui comme dans sa semence :
Cet enfant merveilleux me semble un feu dormant.
A la braise qui couve apportez l'aliment :
Elle fera bientôt jaillir la flamme immense !

PREMIÈRE RELIGIEUSE.

Allons! lâche le petit lion!... Je te donnerai un autre jouet.

L'ENFANT.

Où est-il? Donne-le tout de suite! (*Il tend la main.*)

LE ROI, *regardant la main de l'enfant.*

Dieux! Mais voilà les signes qui présagent l'empire du monde!

Je frémis en voyant sa main prédestinée !
Elle se tend, avide, et son geste enfantin
Offre cette merveille à ma vue étonnée :
Un lotus entr'ouvert sous les feux du matin [1].

---

1. Les doigts tiennent ensemble comme les pétales du lotus : la main *palmée* est un des signes auxquels on reconnaît, dans la mythologie indienne, le futur Tchacravartin, ou souverain universel.

SECONDE RELIGIEUSE.

Laisse-le, Souvratâ! Tu le sais bien, ce n'est
pas avec des paroles qu'on vient à bout de lui. Va
dans ma hutte, prends l'oiseau de faïence peinte
du petit Manganāca, et apporte-le.

PREMIÈRE RELIGIEUSE.

Oui! c'est cela. (*Elle sort.*)

L'ENFANT.

En attendant, je jouerai avec le petit lion.

LA RELIGIEUSE. (*Elle le regarde en riant.*)

Veux-tu le lâcher!

LE ROI.

Ah! que je voudrais qu'il fût à moi, ce petit
entêté!

Avoir de tels enfants... Ah! quelle douce chose!
Contempler leurs joyeux ébats,
Voir leurs petites dents garnir leur bouche rose,
Qui s'ouvre pour rire aux éclats,
Suivre l'effort charmant de leur langue novice,
Les prendre à terre tout poudreux,
Les porter dans ses bras, complaire à leur caprice:
Ah! que les pères sont heureux!

LA RELIGIEUSE, *menaçant l'enfant du doigt.*

Alors tu ne veux pas m'écouter? (*Regardant
autour d'elle.*) Il n'y a pas là un ermite? (*Voyant
le roi.*) Ah! voilà quelqu'un. — Seigneur, venez
délivrer le petit lion. Voyez comme il le tour-
mente : quand une fois il tient quelque chose, il
ne veut plus le lâcher.

LE ROI.

J'y vais tout de suite! (*Il s'approche en souriant.*)
Holà! petit solitaire!

> Hôte indigne d'un tel séjour,
> Ignores-tu donc que l'ermite
> Embrasse dans un même amour
> Tout être vivant qui l'habite ?
> Ton père est l'ennemi du mal;
> Mais ta fureur le déshonore :
> Tel on voit le serpent éclore
> Au pied de l'arbre de santal!

LA RELIGIEUSE.

Seigneur, ce n'est pas le fils d'un ermite.

LE ROI.

On le voit à son air comme à sa conduite :
c'est le lieu où je le rencontre qui m'avait trompé.
(*Il lui fait lâcher le lionceau et tressaille.*)

> Un frisson de plaisir ébranle tout mon être!
> Mais le père, grands dieux! le père frémissant...
> Ah! quelle inexprimable ivresse il doit connaître,
> L'homme béni du ciel qui dit : « Voilà mon sang! »

LA RELIGIEUSE, *les regardant tous les deux.*

C'est une chose merveilleuse!...

LE ROI.

Que voulez-vous dire?

LA RELIGIEUSE.

Tu n'es pas parent de cet enfant : cependant
il te ressemble d'une manière étonnante! Ce qui

me surprend aussi, c'est que, sans te connaître, avec son caractère, il t'ait cédé si vite.

LE ROI, *caressant l'enfant.*

Madame, vous dites qu'il n'est pas fils d'un er-mite... A quelle famille appartient-il donc?

LA RELIGIEUSE.

A la famille de Pourou.

LE ROI, *à part.*

Il est de ma noble race! Je ne m'étonne plus! (*Haut.*) Je connais les antiques usages de cette famille :

> *Que demande un Pourou? Maître du monde, il eut*
> *Des palais aux terrasses blanches :*
> *Quand il a fait sa tâche, il veut, pour son salut,*
> *Un banc de pierre sous les branches!*

Mais comment un être humain a-t-il pu pénétrer dans l'ermitage des dieux?

LA RELIGIEUSE.

Nul n'y pénètre, en effet. Mais sa mère est fille d'une nymphe, et elle l'a mis au monde dans ce divin séjour.

LE ROI, *à part.*

Que dit-elle?... Ce ne serait donc pas une chi-mère?... (*Haut.*) Et quel est le père de l'enfant?

LA RELIGIEUSE.

On ne prononce plus son nom : il a renié son épouse légitime.

LE ROI, *à part.*

Mais c'est de moi qu'elle parle!

PREMIÈRE RELIGIEUSE, *rentrant avec l'oiseau de faïence dans les mains.*

Grand-dompteur! vois le bel oiseau!

L'ENFANT.

Ma bonne sœur, il est bien joli. (*Il prend le jouet.*)

LE ROI, *à part.*

Oh! si j'étais trompé par un mirage! Si tout cela devait finir en me laissant à mon désespoir!

PREMIÈRE RELIGIEUSE, *après avoir regardé l'enfant; avec inquiétude.*

Mais je ne vois plus l'amulette à son poignet!

LE ROI.

Ne vous tourmentez pas! Il l'a sans doute perdue en jouant avec le lionceau... La voici! (*Il va pour la ramasser.*)

LES DEUX RELIGIEUSES.

N'y touchez pas! n'y touchez pas! (*Après l'avoir vu ramasser l'amulette.*) Comment! il l'a prise! (*Elles croisent leurs mains sur leur poitrine et se regardent avec stupéfaction.*)

LE ROI.

Pourquoi vouliez-vous m'empêcher de la prendre?

PREMIÈRE RELIGIEUSE.

Écoutez, seigneur! C'est une plante divine

qu'on appelle Aparâdjitâ [1]. On en fait une amulette toute-puissante. Le bienheureux Mârîtcha a donné celle-ci à l'enfant aussitôt après sa naissance, dans la cérémonie de la consécration. Quand elle tombe à terre, personne ne doit la ramasser, si ce n'est l'enfant lui-même, sa mère,... ou son père !

LE ROI.

Et si un autre la ramasse...

PREMIÈRE RELIGIEUSE.

Elle se change en serpent, et le mord.

LE ROI.

Avez-vous jamais vu ce prodige s'accomplir ?

LES DEUX RELIGIEUSES.

Plus d'une fois.

LE ROI.

Ah ! tous mes vœux sont remplis ! Il ne me reste qu'à goûter mon bonheur ! (*Il prend l'enfant et le couvre de baisers.*)

DEUXIÈME RELIGIEUSE.

Viens vite, Souvratâ ! Sacountalâ est maintenant en prière : allons la prévenir. (*Elles sortent.*)

L'ENFANT.

Laisse-moi ! Je veux aller voir maman !

LE ROI.

Mon fils, nous irons ensemble trouver ta mère.

---

1. « Invincible. »

L'Enfant.

Mais tu n'es pas mon papa! Mon papa s'appelle Douchanta.

Le Roi, *souriant.*

Voilà qui achèverait, au besoin, de me convaincre!

On voit paraître Sacountalâ, les cheveux réunis en une seule tresse [1].

Sacountala, *hésitant.*

On me dit que l'amulette de mon fils ne s'est pas métamorphosée dans ses mains... Mais je ne peux plus croire au bonheur! Et cependant,... si ce que m'a dit Misrakésî est vrai... (*Elle s'avance.*)

Le Roi. (*Il est près de défaillir.*)

C'est elle! c'est Sacountalâ!

Ces sombres vêtements, cette coiffure austère,
Ce visage amaigri par l'ascétique loi,
Ce long deuil qu'elle garde ici dans le mystère,
Tout me dit que son cœur est encor plein de moi

Sacountala. (*A la vue du roi dont les traits sont*
altérés par le remords, elle hésite.)

Ce n'est pas mon époux! Quel est cet homme que l'amulette n'a pas écarté, et dont le contact impur a souillé mon enfant?

1. C'est la coiffure des religieuses.

L'ENFANT, *courant vers sa mère.*

Maman! il m'appelle son fils! Je ne le connais pas, moi!

LE ROI.

Mon amour! J'ai été barbare envers toi... Mais aujourd'hui finit mon expiation : reconnais-moi!

SACOUNTALA, *à part.*

Respire enfin, mon cœur! Le destin m'avait durement frappée! Mais sa cruauté se lasse; il a pitié de moi : c'est bien mon époux!

LE ROI.

Je te vois, maintenant! C'est toi! L'ombre jalouse
N'obscurcit plus mon cœur... Son sommeil est fini
Ainsi l'astre des nuits, aimé de Rohiní [1],
Revient après l'éclipse à sa divine épouse.

SACOUNTALA.

Gloire!... Gloire!... (*Les sanglots l'étouffent et l'empêchent d'achever : Gloire au roi!*)

LE ROI.

Tu pleures... Je t'entends... N'achève pas! Ma gloire,
C'est ton fidèle amour;
C'est ta lèvre pâlie, et ta longue mémoire
D'une ivresse d'un jour!

L'ENFANT.

Maman! Qui donc est-ce?

---

1. Nom d'une constellation.

SACOUNTALA.

Mon enfant, demande-le à notre heureux destin!
(*Elle continue à pleurer.*)

LE ROI.

Toi que je n'ai pas su seulement reconnaître,
Toi que j'ai repoussée, oh! viens! console-toi!
Un pouvoir inconnu subjuguait tout mon être :
  C'était lui qui parlait en moi!
L'homme dont l'esprit dort chasse d'un air farouche
La Fortune qui vient à sa porte frappant,
Et l'aveugle craintif, ignorant qui le touche,
  Prend une fleur pour un serpent!

(*Il tombe à ses pieds.*)

SACOUNTALA.

Relevez-vous, mon époux! Relevez-vous! J'ai
eu un époux si tendre... Le trésor de mes mérites
était épuisé sans doute? Autrement, je ne com-
prendrais pas ce qui est arrivé. (*Le roi se relève.*)
Et comment mon époux s'est-il souvenu de la
malheureuse Sacountalâ?

LE ROI.

Je te le dirai quand j'aurai fini d'arracher de
mon cœur la flèche aiguë du remords!

Ah! laisse-moi l'essuyer, cette larme,
  Qui coulait sur ta lèvre en feu,
Quand, sourd, aveugle, enchaîné par un charme,
  Je la méprisais comme un jeu!
Je la revois qui baigne de rosée

Tes yeux profonds aux noirs contours;
Ah! laisse-moi sur ta joue embrasée
Sécher sa trace pour toujours!

(*Il essuie ses larmes.*)

SACOUNTALA, *voyant l'anneau au doigt du roi.*
L'anneau!... Le voilà, mon époux!

LE ROI.
Oui! Je l'ai retrouvé d'une façon miraculeuse...
Et avec lui j'ai retrouvé la mémoire.

SACOUNTALA.
C'est lui qui est coupable de tout! Il m'a manqué
quand je cherchais à te convaincre.

LE ROI, *lui tendant l'anneau.*
Liane charmante! pare-toi de ta fleur : le printemps est revenu!

SACOUNTALA.
La bague?... Et si j'allais la perdre encore?...
Garde-la, mon époux!

MATALI, *entrant.*
Je viens te féliciter d'avoir retrouvé ton épouse
et d'avoir vu enfin ton fils.

LE ROI.
Je suis doublement heureux, car je dois mon
bonheur à un ami. Mais Indra en est-il instruit?

MATALI, *souriant.*

Rien ne lui est caché. Viens! Le vénérable Mârîtcha veut bien te recevoir.

LE ROI.

Chère épouse, prends la main de notre fils, et
conduis-moi auprès du bienheureux.

SACOUNTALA.

Mais je n'ose me présenter devant mon vénérable maître à côté de mon époux.

LE ROI.

Cette dérogation aux usages est permise dans
un jour si heureux. Viens!

On voit paraître Mârîtcha, assis, avec Aditi à ses côtés.

MARITCHA, *regardant le roi.*

Fille de Dakcha!

C'est ce roi qui vainquit la horde sanguinaire
Des démons conjurés contre le ciel d'Indra :
Grâce à lui, notre fils, que son arc délivra,
Peut laisser dormir son tonnerre.

ADITI.

Son extérieur annonce déjà sa puissance.

MATALI.

Roi, voici le père et la mère des dieux! Vois le
regard qu'ils arrêtent sur toi : ils t'aiment comme
un fils! Approche!

LE ROI.

O Mâtali! quel spectacle s'offre à mes yeux!

Majesté dont jamais nulle autre n'approcha!
Il est donc devant moi, ce couple tutélaire?
Le fils de Marîtchi, la fille de Dakcha
Ont donné sa splendeur au soleil qui m'éclaire;
C'est par eux que le roi des dieux [1] fut engendré:
Tous deux ont pour aïeul Brahma, le grand ancêtre,
Et Vichnou, que Brahma révère, a voulu naître
De leur sang fécond et sacré!

MATALI.

Ce sont eux que tu vois.

LE ROI, *se prosternant.*

Douchanta, serviteur d'Indra, vous salue.

MARITCHA.

Mon fils, gouverne longtemps la terre!

ADITI.

Sois invincible! (*Sacountalâ se prosterne avec son fils.*)

MARITCHA.

Ma fille!

Ton héroïque époux prend Indra pour modèle,
Et ton fils est pareil au divin Djayanta:
Nouvelle Paulomî [2], que le roi Douchanta
T'aime et t'honore autant que tu lui fus fidèle!

---

1. Indra.
2. Epouse d'Indra, mère de Djayanta.

Sacountalâ. 23

ADITI.

Garde toujours l'estime de ton mari ! Que ton
fils vive pour être la gloire des deux races dont il
est né ! Maintenant, asseyez-vous à nos côtés.
(*Tous s'assoient.*)

MARITCHA, *les désignant l'un après l'autre.*

Ton épouse est la foi vivante; votre enfant
Est la richesse; en toi s'incarne la puissance :
Je le vois se dresser dans sa magnificence,
Ce groupe triomphant !

LE ROI.

Bienheureux ! d'autres sèment les faveurs sur
leurs pas : toi, tu te fais précéder des tiennes.

L'orage gronde et l'éclair luit
Avant que l'eau du ciel s'épanche ;
La fleur naît et meurt sur la branche
Avant la naissance du fruit ;
La cause, par quelque présage,
Se révèle avant ses effets :
Pourtant, j'ai reçu tes bienfaits
Sans même avoir vu ton visage.

MATALI.

C'est à cela qu'on reconnaît la bonté du père
et de la mère de toutes les créatures.

LE ROI.

Bienheureux ! j'avais épousé ta servante Sacountalâ selon le rite des Gandharvas... Peu de
temps après, elle me fut amenée par sa famille : je
l'ai reniée dans un moment d'égarement, et j'ai

gravement offensé ton fils Cannva! Plus tard, la
vue d'un anneau m'a rappelé notre union. Tout
cela est étrange...

> Ne reconnaître qu'à la trace
> Ce qu'on vit passer sous ses yeux :
> Mal profond et mystérieux,
> Dont le souvenir seul me glace!

MARITCHA.

Rassure-toi! Tu n'es pas coupable. Tu étais
soumis à une influence funeste. Écoute!

LE ROI.

Je brûle de t'entendre.

MARITCHA.

Aditi a reçu Sacountalâ des mains de sa mère.
Ménacâ, voyant son désespoir après que tu l'eus
méconnue, était descendue aux bains sacrés des
Apsaras et l'avait enlevée. En les voyant, j'ai voulu
connaître ce qui s'était passé, et je l'ai trouvé par
l'effort de la méditation. C'est une malédiction de
Dourvâsas qui avait condamné l'infortunée à être
reniée par son époux, et l'effet de la malédiction
devait cesser à la vue de l'anneau de reconnaissance.

LE ROI, *à part, avec un soupir de soulagement.*

Ah! je suis pur du crime dont la pensée m'ac-
cablait.

SACOUNTALA, *à part.*

Maintenant, je suis vraiment heureuse! Ce n'est

pas le cœur de mon époux qui m'avait repoussée. Je croyais y rentrer, mais je n'en étais jamais sortie. Cette malédiction, je ne l'avais pas entendue; ma pensée était toute à lui, sans doute! Mais mes compagnes devaient la connaître. C'est pour cela qu'elles m'avaient tant recommandé de lui montrer l'anneau.

MARITCHA.

Ma fille, tu sais tout : ne garde pas de ressentiment contre ton noble époux.

Oui, quand il a semblé te bannir de son cœur,
Un charme enchaînait sa mémoire,
Et dès que son esprit s'est réveillé vainqueur,
Il t'a rendu toute ta gloire.
Quand un souffle ternit la face d'un miroir,
On n'y voit nul reflet paraître;
Le voile dissipé, c'est merveille de voir
L'image tout à coup renaître.

LE ROI.

C'est la vérité.

MARITCHA.

Mon enfant, es-tu content du fils que t'a donné Sacountalâ? Toutes les cérémonies prescrites par la sainte loi ont été accomplies à sa naissance et après : c'est moi qui y ai veillé.

LE ROI.

Bienheureux! il est l'espoir de ma race.

Maritcha.

Il a le cœur d'un héros, et il aura l'empire du monde !

Cet enfant régnera sur les sept continents [1].
Point d'obstacle à son char : il saura le conduire
Sur les monts escarpés et dans les flots tonnants.
Nul ennemi n'aura la force de lui nuire.
L'ermitage effrayé l'a nommé Grand-dompteur !
Mais quand sa main tiendra ton sceptre héréditaire,
Il aura les vertus, le cœur d'un roi : la terre
Acclamera son Protecteur [2].

Le Roi.

Bienheureux ! c'est toi qui l'as consacré : je puis tout espérer de lui.

Aditi.

Il faut instruire Cannva du bonheur de sa fille. Ménacâ n'est pas loin : c'est elle qui me rendra ce service.

Sacountala.

La bienheureuse a prévenu mon désir.

Maritcha.

Cannva doit à ses austérités une pénétration merveilleuse : il sait déjà tout. (*Après réflexion.*) Cependant il est convenable qu'il reçoive de nous

---

1. Détail emprunté à la géographie mythologique.
2. Plus exactement son « Porteur », en sanscrit *Bharata*. Bharata fut l'ancêtre des héros du *Mahâbhârata*.

la nouvelle de la réunion des deux époux et de leur fils. Holà! quelqu'un!

UN DISCIPLE, *entrant.*

Maître, me voici!

MARITCHA.

Gâlava! prends le chemin des airs, et porte de ma part au vénérable Cannva une heureuse nouvelle : Sacountalâ et son fils ont été délivrés de la malédiction de Dourvâsas et reconnus par Douchanta.

LE DISCIPLE.

Le bienheureux sera obéi. (*Il sort.*)

MARITCHA, *au roi.*

Toi, mon enfant, monte avec ton épouse et ton fils sur le char d'Indra, ton divin ami, et retourne dans ton palais.

LE ROI.

A l'instant.

MARITCHA.

Et maintenant...

Qu'Indra goûte l'offrande à tes banquets pieux ;
Que l'eau de la nuée à grands flots y réponde !
Et puisse l'amitié de la terre et des cieux
    Durer pour le bonheur du monde !

LE ROI.

Je m'efforcerai de faire le bien.

MARITCHA.

Que désires-tu encore?

Le Roi.

Bienheureux ! m'as-tu laissé quelque chose à désirer? Cependant, je ferai encore ce vœu [1] :

Puiss-je en mes États voir, avant que je meure,
Le juste triomphant, le savant respecté !
Et toi, Siva, mon Dieu ! daigne à ma dernière heure
Absorber tout mon être en ton immensité !

---

1. Une prière analogue termine toutes les pièces indiennes.

APPENDICE

PASSAGES SUPPRIMÉS[1]

ACTE PREMIER

— Page 15.

« *Révèlent un chemin qui conduit au lavoir.* »

Et de plus,

Des bassins sont creusés au pied des arbres, et les racines trempent dans l'eau agitée par le vent; la fumée des offrandes de beurre ternit l'éclat des jeunes pousses; les petits des gazelles sont sans défiance, et s'avancent doucement à notre rencontre sur le sol de ce bosquet dont ils ont tondu le gazon[2].

---

1. Les strophes traduites en prose sont distinguées par l'emploi des caractères italiques.

2. Strophe supprimée comme faisant double emploi avec la précédente.

ACTE II

— Page 50.

« Ne seras-tu pas à mes côtés? »

MADHAVYA.

Alors me voilà devenu ton garde des roues[1]!

ACTE III

— Page 54.

« Ni mon cœur de l'aimer ! »

O Amour ! tes flèches sont des fleurs : pourquoi donc font-elles tant de mal ? (*Après réflexion.*) Ah ! je le sais !

C'est le feu de la colère de Siva qui, aujourd'hui encore, couve en toi comme le feu sous-marin au fond des flots[2] : autrement, ô Amour, pourrais-tu brûler ainsi mes pareils, toi que le dieu a réduit en cendres[3]?

Toi et la lune, avec votre apparente douceur, vous trompez bien les amants !

---

1. Plaisanterie assez froide en français, et inintelligible sans note : le garde des roues est celui qui accompagne le char à pied, en coureur.

2. C'est un mythe indien.

3. Le dieu de l'amour « aux flèches de fleurs » a été consumé par le feu sorti de l'œil de Siva, et depuis ce jour, il est « sans corps ». Douchanta suppose ici, pour expliquer ses « brûlures », que ce feu couve encore sous la cendre de l'Amour.

*On dit que tes flèches sont des fleurs, et que la lune a
de froids rayons. L'aventure de mes pareils est la preuve
du contraire : les froids rayons de la lune versent des
flammes, et de tes flèches de fleurs tu fais autant de
foudres.*

Et cependant,

*Quoique l'Amour m'inflige des tortures sans trêve, je ne
puis le maudire quand il me fait brûler pour elle, la belle
aux grands yeux qui enivrent*[1] *!*

O Amour, tu n'entends donc pas mes plaintes? Quoi!
pas de pitié pour moi?

Je t'ai nourri[2] *de mes pensées incessantes, et voilà
comme tu me récompenses! Est-ce contre moi que tu devrais tendre jusqu'à ton oreille la corde de ton arc? Est-ce
sur moi que tu devrais décocher tes flèches?*

— PAGE 57.

« Tu souffres trop ! »

LE ROI.

C'est la vérité !

*Ses bracelets, faits de racines de lotus, étaient blancs comme
les rayons de la lune; ils sont noircis*[3] *maintenant, et tra-
hissent la fièvre qui la brûle.*

— PAGE 61.

« *Qu'a-t-elle à craindre?* »

---

1. On pourrait regretter cette strophe; mais, sans les
trois autres, elle n'avait plus de raison d'être.
2. Après cela, il semble qu'on puisse tirer l'échelle.
Mais les traits de ce genre ne sont pas rares dans la poésie
indienne, sinon chez Câlidâsa, au moins chez la plupart de
ses confrères.
3. Le détail est peu gracieux.

Et encore :

Celui dont tu crains, bien à tort, les mépris, ô belle! est là qui brûle de s'unir à toi. Ce n'est pas d'ordinaire la perle qui cherche le pêcheur, mais le pêcheur qui cherche la perle [1].

— PAGE 67.

« Et me fait désirer ce que je ne dois pas. »

Le Roi, *à part.*

Les jeunes filles, même quand elles aiment, résistent ainsi aux prières de leurs bien-aimés. Elles brûlent de s'unir à eux ; mais elles n'osent se donner. Ce n'est plus l'Amour qui les torture : il a levé pour elles tous les obstacles. Ce sont elles qui, par leurs retards, torturent l'Amour même [2].

(Sacountalâ s'éloigne.)

— PAGE 68.

« On peut nous voir ici. »

(*Il laisse aller Sacountalâ et revient sur ses pas.*)

SACOUNTALA. (*Elle fait un pas et se retourne. Avec abattement.*)

Fils de Pourou ! j'ai résisté à ton désir ; j'ai seulement consenti à t'entendre : ne m'oublie pas, pourtant !

Le Roi.

O belle !

C'est en vain que tu pars ; tu ne sors pas de mon cœur.

---

1. Double emploi. Dans le sanscrit, ce n'est pas seulement l'idée de la première stance, ce sont les mots mêmes que la seconde reproduit en grande partie.

2. Cette analyse, assez déplacée dans la bouche du roi qui, en somme, n'est pas un Don Juan, ne se retrouve pas dans l'autre recension.

Telle, à la fin du jour, l'ombre s'éloigne de l'arbre sans en quitter le pied.

SACOUNTALA, *après avoir fait de nouveau quelques pas, à part.*

Hélas! quand je l'entends, mes pieds refusent de me porter. Eh bien! je vais me cacher derrière cette touffe d'amarantes, et je verrai s'il m'aime vraiment. (*Elle se cache.*)

LE ROI.

O ma bien-aimée! mon cœur est plein de toi seule : comment peux-tu mépriser mon amour et m'abandonner?

Avec un corps si délicat qu'il faudrait lui épargner les caresses, tu as donc un cœur dur comme la tige du Sirîcha?

SACOUNTALA.

Après avoir entendu cela, je n'ai pas la force de m'éloigner.

LE ROI.

Je n'ai plus rien à faire en ce lieu quand ma bien-aimée l'a quitté. (*Regardant devant lui.*) Mais je me sens brusquement arrêté.

Voici devant moi son bracelet de racines de lotus; il est tombé de son bras, et il est encore tout parfumé de l'onguent d'Ousîra qui couvrait son sein : c'est une chaîne qui retient mon cœur prisonnier.

(*Il le ramasse avec précaution.*)

SACOUNTALA, *regardant son bras.*

Ah! mon bras ne peut plus retenir un bracelet : je n'ai pas senti tomber celui que je portais.

LE ROI, *plaçant sur son cœur le bracelet de racines de lotus.*

Frisson délicieux!

Cette gracieuse parure, ô ma bien-aimée, a quitté ton

bras charmant; elle est là, et c'est elle, tout insensible qu'elle est, qui me console dans ma douleur, lorsque toi, tu m'abandonnes !

SACOUNTALA.

Non ! je ne puis résister plus longtemps ! Voilà justement une occasion de me montrer. (*Elle s'approche.*)

'LE ROI, en la voyant, avec joie.

Ah ! voici la maîtresse de ma vie ! A peine ai-je achevé ma plainte que le destin me témoigne sa pitié.

De sa gorge desséchée par la soif, l'oiseau[1] arrache un cri de détresse : il demandait de l'eau, et l'eau du nuage vient tomber dans son bec ouvert[2].

SACOUNTALA, arrivant devant le roi.

Seigneur, je me suis aperçue en chemin, etc.

— PAGE 69.

« Frisson délicieux ! »

L'Amour est un arbre : le feu de la colère de Siva l'avait brûlé[3]; mais le destin fait pleuvoir la liqueur d'immortalité, et voilà que l'arbre consumé pousse de nouvelles branches.

---

1. Oiseau légendaire qui passe pour ne boire que les gouttes de pluie. Voir p. 160, note 1.

2. Toute cette partie de la scène, et ce qui suit encore jusqu'à la page 71 : « Oiseaux fidèles, séparez-vous », manque dans l'autre recension. Nous n'avons pas cru devoir sacrifier la fin, qui s'y trouve réduite à une seule strophe.

3. Voir ci-dessus, page 186, note 3.

ACTE IV

— PAGE 80.

« Se recueille et pense à l'absent. »

Les premiers rayons du matin colorent la rosée qui baigne les jujubiers ; le paon se réveille et s'envole du toit de chaume de la hutte ; l'antilope se lève brusquement du bord de l'autel où s'est imprimé son pied fourchu : elle s'étire, baisse le cou et dresse le dos[1].

La lune avait foulé le sommet du mont Mérou, le roi des monts ; elle avait traversé, en illuminant les ténèbres, le second séjour de Vichnou : voilà qu'elle tombe du ciel ; ses rayons s'effacent ; même pour les plus nobles des êtres, la chute est près du triomphe[2].

— PAGE 90.

« La forêt tout entière est en deuil. »

Vois plutôt

La gazelle laisse tomber sa bouchée de gazon ; le paon renonce à la danse[3] ; les lianes s'affaissent et laissent pendre leurs feuilles pâlies.

— PAGE 90.

« Vous l'aimerez comme vous m'avez aimée. »

---

1. Cette jolie description n'a que le tort d'être un hors-d'œuvre après deux stances où le poète fait une allusion évidente à la situation de l'héroïne.

2. Double emploi avec la première strophe de la page 80.

3. La danse du paon est un des lieux communs de la poésie descriptive des Hindous.

CANNVA.

Ma chère enfant,

Je rêvais de te donner un époux digne de toi : tu as su le trouver toi-même. C'est son tour maintenant : libre de souci pour ton bonheur, je la marierai à ce manguier qui croît près d'elle.

Maintenant reprends ta route.

— PAGE 91.

« *(Ils se remettent tous en route.)* »

SACOUNTALA.

Mon père, je pense aussi à cette antilope qui ne quitte pas les environs de la hutte : elle est pleine ; quand elle aura mis bas, faites-moi savoir l'heureuse nouvelle. Surtout, ne l'oubliez pas [1].

CANNVA.

Compte sur moi, mon enfant.

— PAGE 91.

« Du courage ! »

Fais attention à tes pas.

Sois ferme ; retiens les larmes qui baignent tes longs cils ; elles t'empêchent de voir, et tes pieds heurtent les aspérités du chemin.

— Page 92.

« *(Il réfléchit.)* »

ANOUSOUYA.

Chère amie, il n'y a pas dans notre ermitage un seul être vivant que ton départ ne plonge dans la tristesse. Vois !

---

[1]. Nous n'aurions pas sacrifié ce trait, s'il ne nous avait paru faire une sorte de double emploi avec la petite scène suivante.

La femelle du Tchacravâca l'appelle sous la feuille de nymphéa qui la cache; mais l'oiseau ne lui répond pas : c'est toi qu'il regarde, en laissant tomber sa becquée de racines de lotus.

ACTE VI

— Page 132.

« *Sous les fleurs du manguier charmant.* »

C'est quand l'anneau m'a rendu la mémoire, c'est quand je pleure, en proie au remords d'avoir indignement repoussé ma bien-aimée, que je vois arriver le mois des fêtes et des parfums enivrants[1].

— Page 142.

« Elle s'attaque au lotus de son visage. »

LE ROI.

Chasse donc cet audacieux insecte!

MÂDHAVYA.

Mais c'est ton métier, à toi, d'apprendre à vivre aux coquins.

LE ROI.

Tu as raison. Allons! hôte bienvenu des lianes fleuries, pourquoi te fatigues-tu à voltiger autour d'elle?

Vois! ton amante est là, posée sur une fleur, elle est altérée de ses sucs; mais elle t'aime, elle t'attend et ne peut pas faire son miel sans toi.

MISRAKÉSI.

Il s'y prend poliment !

---

1. Double emploi.

Sacountalà.   25

MADHAVYA.

C'est une race bien entêtée !

LE ROI, *en colère.*

Ah ! tu ne veux pas m'obéir ! Eh bien ! écoute !

J'ai connu sa lèvre rose, etc.

MADHAVYA.

Tes châtiments sont pourtant terribles ! Et elle n'a pas peur ! (*A part, en riant.*) Il est complètement fou, et je le deviens moi-même dans sa société.

LE ROI.

Comment ! j'ai beau la renvoyer ! Elle est toujours là !

MISRAKÉSI.

Voilà donc ce que l'amour peut faire, même d'un sage !

MADHAVYA, *haut.*

Dis-moi, tu sais que c'est une peinture que tu as devant les yeux ?

LE ROI.

Comment ! une peinture ?

MISRAKÉSI.

Moi-même, je m'y étais trompée un instant. N'est-il pas naturel qu'il ne voie, lui, que son rêve ?

LE ROI.

Pourquoi es-tu si cruel envers moi ?

Je la voyais... J'étais heureux, etc. [1]

ACTE VII

— PAGE 170.

« Vois le bel oiseau ! »

---

1. On nous excusera sans doute d'avoir abrégé une pareille scène.

L'Enfant, *regardant autour de lui.*

Où est-elle maman [1] ? (*Toutes les deux se mettent à rire.*)

PREMIÈRE RELIGIEUSE.

C'est la ressemblance des sons qui l'a trompé. Sa mère le gâte tant !

DEUXIÈME RELIGIEUSE.

« Vois le joli paon ! » C'est là ce qu'on te disait.

LE ROI, *à part.*

Comment ! Sa mère s'appelle Sacountalâ ! Mais bien des femmes portent le même nom. Oh ! si j'étais trompé par un mirage ! Si tout cela devait finir en me laissant à mon désespoir !

L'Enfant.

Ma bonne sœur, votre paon est bien joli, etc.

---

1. Il y a là un jeu de mots qui est intraduisible,... heureusement. On peut en donner l'idée en remplaçant le mot « oiseau » par le sanscrit *çakunta*, et en faisant dire à la religieuse : « Vois ce beau sacounta-là ! » Que le lecteur nous pardonne !

IMPRIMÉ PAR JOUAUST ET SIGAUX

POUR LA

NOUVELLE BIBLIOTHÈQUE CLASSIQUE

PARIS, 1884

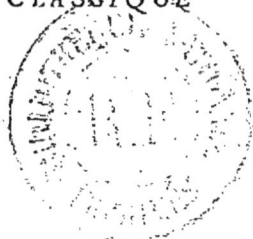

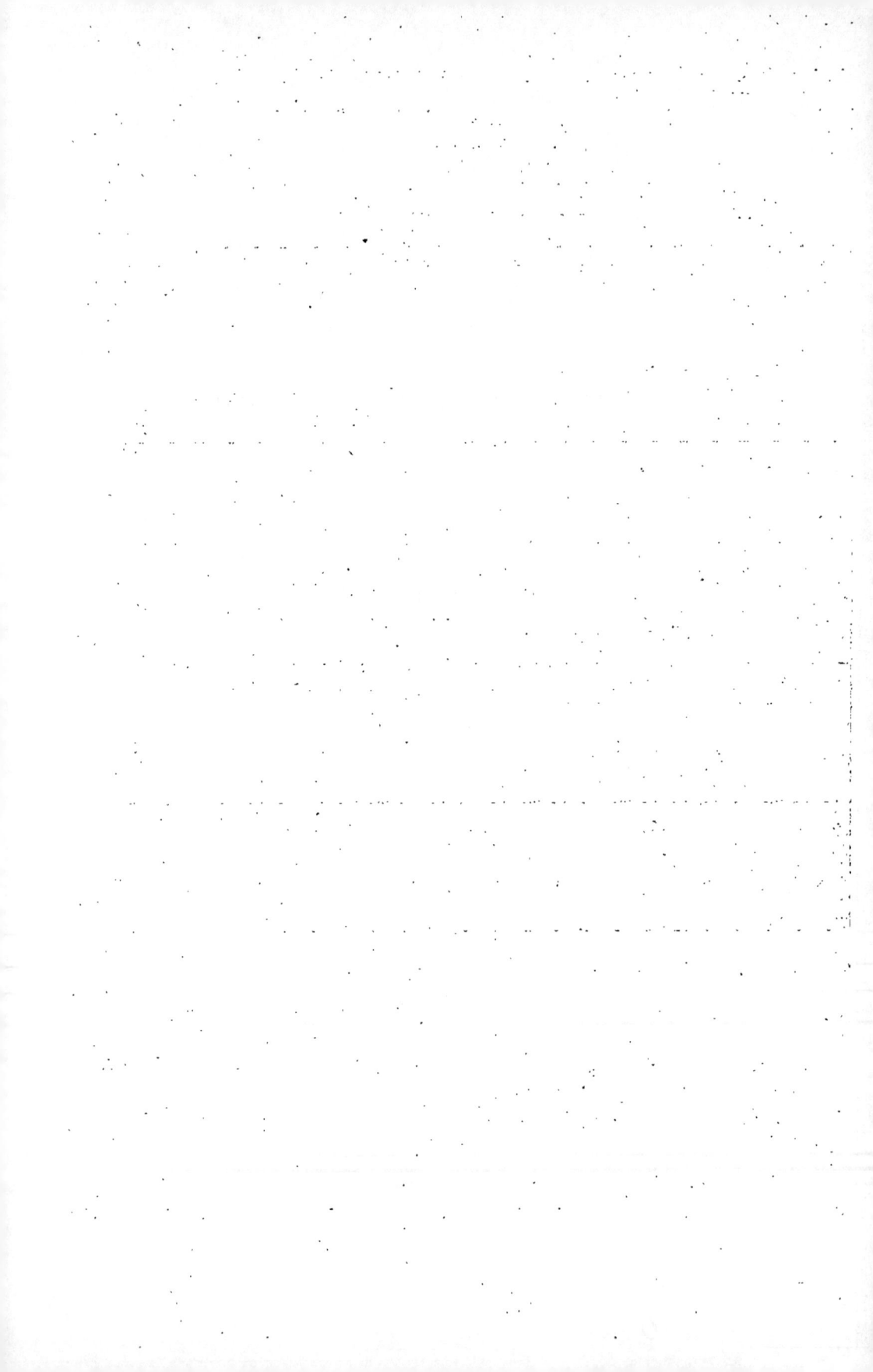

NOUVELLE BIBLIOTHÈQUE CLASSIQUE

A 3 francs le volume

Outre le tirage ordinaire à 3 fr. le volume, nous avons fait un tirage numéroté de 500 exemplaires sur papier de Hollande (à 5 fr.), et de 30 sur pap. de Chine et 30 sur pap. Whatman (à 10 fr.).

Aux amateurs du GRAND PAPIER nous offrons un *tirage spécial* format in-8°, de 170 exemplaires sur pap. de Hollande (à 20 fr.), 15 sur pap. de Chine et 15 sur pap. Whatman (à 35 fr.), avec couvertures repliées. Ce tirage est orné des PORTRAITS des auteurs publiés, *que contiennent seuls les exemplaires en grand papier.*

NOTA. — Nous n'avions admis jusqu'à présent dans notre collection que des œuvres d'écrivains français. Nous abordons aujourd'hui la littérature étrangère en publiant le drame de *Sacountala*, traduit par MM. Abel Bergaigne et Paul Lehugeur.

EN VENTE

REGNIER, *Satires*, publ. par Louis Lacour. — 1 vol.

MONTESQUIEU, *Grandeur et Décadence des Romains*, publ. par G. Franceschi. — 1 vol.

BOILEAU, publ. par P. Chéron. — 2 vol.

HAMILTON, *Mémoires de Grammont*, publ. par M. de Lescure. — 1 vol.

REGNARD, *Théâtre*, publ. par G. d'Heylli. — 2 vol.

SATYRE MÉNIPPÉE, publ. par Ch. Read. — 1 vol.

P. L. COURIER, *Œuvres*, avec préface par F. Sarcey. — 3 vol.

MALHERBE, *Poésies*, publ. par P. Blanchemain. — 1 vol.

CORNEILLE, *Théâtre*, avec préface par V. Fournel. — 5 vol.

DIDEROT, *Œuvres choisies*, préface par Paul Albert. — 6 vol.

CHAMFORT, *Œuvres choisies*, publ. par M. de Lescure. — 2 vol.

RIVAROL, *Œuvres choisies*, publ. par M. de Lescure. — 2 vol.

RACINE, *Théâtre*, préface de V. Fournel. — 3 vol.

LA ROCHEFOUCAULD, *Maximes*, publ. par J. Thénard. — 1 vol.

LA BRUYÈRE, *Caractères*, avec préface de L. Lacour. — 2 vol.

MOLIÈRE, *Théâtre*, publ. par D. Jouaust et G. Monval. — 8 vol.

BOSSUET, *Oraisons funèbres*, publ. par Arm. Gasté. — 1 vol.

Sous presse : *Poésies d'André Chénier*, — *Rabelais*, — *Montaigne*.

Avril 1884.

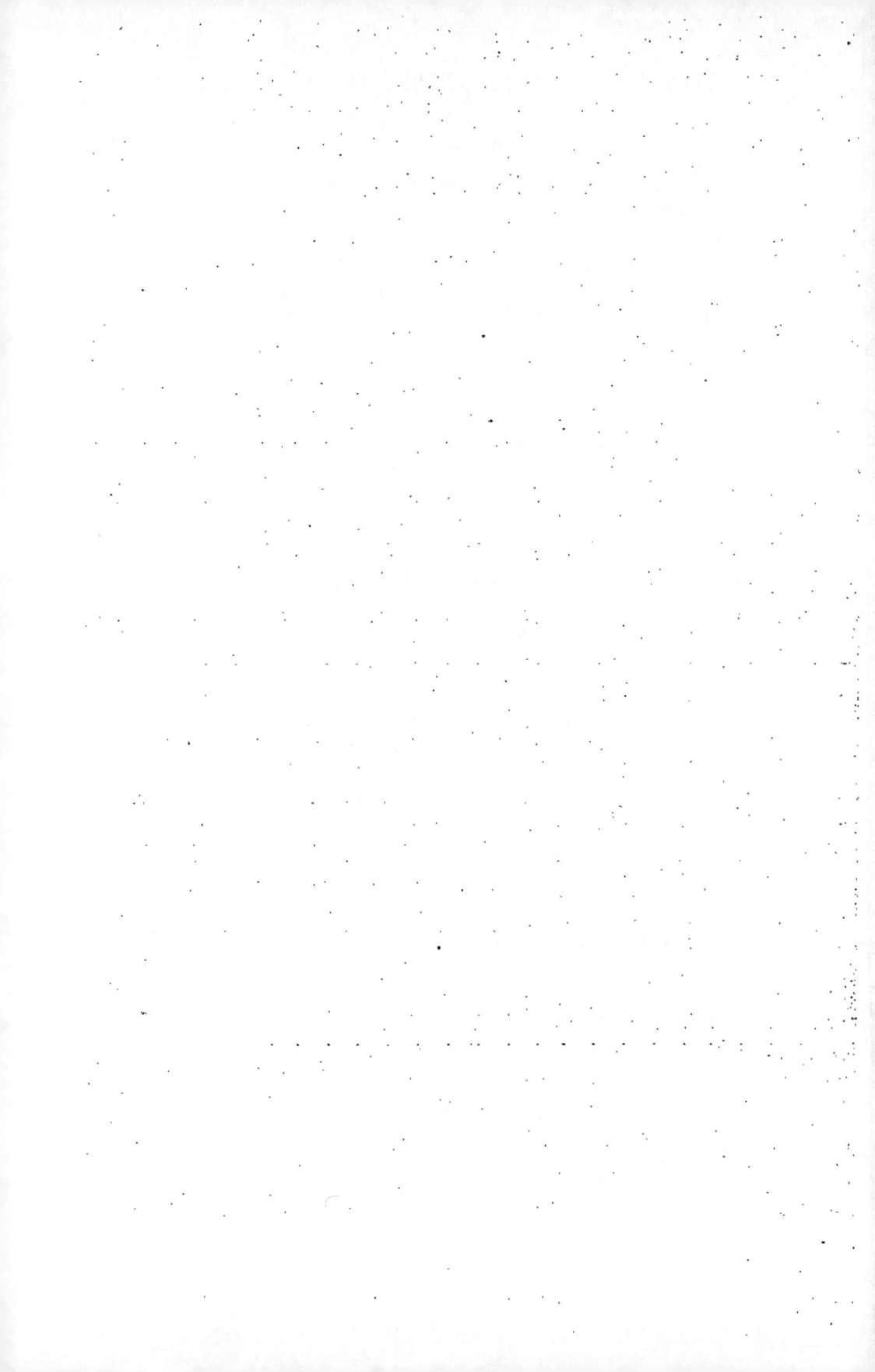